「いい人」はやめなくていい！

いい人ほど得をする
場を取る心の力学

平松希理 著

はじめに

「いい人ほど損をする」

この本を手に取ってくださったあなたはそんな切ない思いを抱きながらも、周りに献身的に尽くして、「都合のいい存在」になっている自分に情けなさを感じ、悲しみに沈んだ経験があるのではないでしょうか。

巷にあふれる本にも「いい人をやめる」ための本がたくさん並んでいます。

しかし、私はこの風潮に疑問を持っています。

いい人をやめる必要などない。

これだけははっきりと申し上げられます。他者に対して善行を心がける人間が間違っているわけがないのです。周りの人もその人の持つオーラをかけがえのないものに感じているのです。

問題は、相手の意にのまれてしまうことによって自分の望まぬ結果を引き起こしやすくなっている現状ではないでしょうか。

いい人は「場を取る」ことが苦手です。

「場を取る」とは、「その場の雰囲気を制する」という意味です。つまり、これができないということは「他者との関係において、常に場にのまれてしまっている」状態になっているといえます。常日頃、人に対して善行を心がけていることと、自分が場にのまれやすい体質だということを同義に考えている人が多いのです。これはまったく別物で、場を取ることさえできるなら、「いい人であること」をやめる必要はまったくありません。決して損をしたり辛い思いをしたりすることはないのです。

場を取ることができれば、相乗効果を起こし、あなたの周りにも同様の「いい人」がどんどん増えていきます。これほどすばらしい人はいないと周囲にきっと慕われるはずです。

いい人こそ損をせず、幸せになってほしい――それが私の願いです。

私はふだん学習塾を営んでおります。なぜ塾の講師である私がこの本を書こうと思ったかといえば、職業柄、家庭という〝表舞台から見えることのない密室〟に深く関わっていることに要因があります。家庭内の問題というのは通常、表に出てくることはあまりありません。親子や夫婦の悩みは誰でも他人には打ち明けにくいものです。

こういった特殊な環境である家庭をサポートするために、一部の学習塾は社を挙げて交流分析などのコミュニケーション理論を学び、生徒の家庭環境にも関わるカウンセリング活動を行ってきているのです。このような塾の講師は家庭という限られた空間において、高いカウンセリング能力を発揮できてきているわけです。意外に思われた方もいらっしゃるかもしれません。

熟練した学習塾講師は保護者懇談において感情をくみ取ることが巧みです。相手の小さな表情の変化も見逃しません。懇談中に表情が曇ったり、口ごもったり、話題を回避したりのどんな小さなサインも見落としません。必ず話の流れを止めて、話しやすい流れをつくります。気がかりや悩み事を抱え込まずに述べていただこうとするのです。

すると、「言いづらいのですが……」「困っているというほどのことはないのですが……」などと打ち明け話をされることが多いものです。一旦打ち明け話を始められたら、我々はただ傾聴します。保護者の心の琴線に触れるような共感の言葉をわざと挟みながら、深く傾聴するのです。

私自身も塾の講師としてこのようなスキルを長く学んできた一人です。一人の保護者に対する懇談時間が一時間以上に及ぶこともざらでした。私の保護者懇談会において少なくない人数のお母様が涙を流されます。

カウンセラーなどの職にある方々も家庭の問題と向き合うことが多いでしょう。しかし、これらの方々に持ち込まれる相談は、すでに当事者で問題の存在が意識されており、相談者が自主的に相談の窓口を叩く場合がほとんどです。

相談するほどではない悩み、どこの家庭にもある悩みに関しては我々の方が圧倒的に多く関わってきていると思われます。

個々の相談の具体的な内容はたとえ拷問にあっても紙面に書くことはできません。しかし、総じて述べられることはあります。

いい妻、いい母、いい父、いい友、いい子……、総じて「いい人」であろうとして、悩んでいる人がいかに多いかということです。

多くのいい人が家庭、職場、友人関係、恋人関係において、いい人であることで損をしていると感じているのです。いい人であることで対等な関係を失い、小さな不利益を被り続けていると感じているのです。そして、損な役回りを続けてしまうご自分の姿を苦い思いで傍観している人が多いのです。

「場を取る」力はちょっとしたコツで簡単に自分のものにできます。本書を読んでいただければ決して難しいことではないと感じていただけるはずです。明日からでもできる、そう自信を持っていただけるはずです。

いい人をやめなくていいのです。

あなたのステキな空気と空間をわざわざ壊してしまう必要はありません。それより、もっと「いい人」道を極め、すばらしい人生を送りませんか。

いい人こそ損をせず、幸せになるべきです。

もくじ

第2章 場を取り、自分のペースに引き込む基本とは

第3章 トラブルを収め、どんな難局も乗り越えられる

第4章 「いい人」のための場を取る恋愛戦略

第5章 さらに品格を持った「いい人」への道

第1章

「いい人は損をする」のはなぜか

01

「お人よし」「いい人病」という病

こんな思いをした経験はありませんか？

―普通ならあの場面でキレても良かったのではないか……、逆にあの人が同じことを言われていたら絶対キレていたはずだが……。

―二人でいる時は対等なのに、皆でいるときはなんだか上から目線でこられます。いつもダメキャラ扱いしてくるし、でも不満をぶつけることなんかできません。ここで一人キレたら場の雰囲気が悪くなる、そう考えると笑って受け流すしかありません。すると、笑って済ませていることをいいことに相手はさらに遠慮知らずに。グループはいつだってボス格のあの人のペース。

―何を言っても突っ込み言葉で跳ね返す会社の同僚。なんだかんだと言って、いつも言いくるめられてしまいます。なんだかいつも下に見られている気がします。会社での自分の姿を、大好きなあの人だけには見られたくありません。

―どうしても人見知りが直りません。小さいころからそうです。打ち解けて雑談をするのが苦手です。打ち解けるまで時間を要してしまいます。付き合いの長い友人や家族と話すときは言葉が楽に出てくるのですが、慣れない相手だと、なぜかだめです。すぐに、気まずい沈黙ができてしまいます。「まずい」と思って何か話そうと考えると余計に言葉が出てこなくなるという悪循環です。

—異性と初デートにこぎつけたのですが最悪でした。全然盛り上がらなくて、場が持たないためか、相手が次第に不機嫌オーラを出し始めて、なんとかしようと話しかけても余計にちぐはぐで、デートから悲しい思いで帰ってきました。

—友達と二人で出かける約束のある前の夜はなかなか寝付けません。退屈させるのではないか、白けさせてしまうのではないかといつも先回りして考えてしまいます。三人で出かける時は気が楽です。自分が黙っている時間は他の二人が話しているでしょうから。私は加われるタイミングだけ参加すればいいのですから。

このような思いをしたことはありませんか？　ここに挙げたのはすべて「いい人」

の多くが陥りやすい症状です。必要以上に相手に気を使いすぎてしまうことで、人間関係において損な役割を演じてしまうことになるのです。このような症状をここでは仮に「いい人病」と呼ぶことにしましょう。いい人病の原因はどこにあると思いますか？　意気地がないからですか？　勇気がないからですか？

実は、全然そんなことはありません。自己肯定感が低いので、場を取られているだけです。これから語っていくことをしっかりと心に刻みながら読んでみてください。感受性が過剰に反応することと勇気の有無はまったく別物だと必ず気付くはずです。

本章においていい人に降りかかる出来事とその原因を探ります。そして、第二章以降でいい人が損をしない生き方、いい人こそ周囲に愛され得をする生き方を分析していきます。

いい人に根付く辛い思いを、一つ一つ、必ず洗い落としていきます。

02

素直な人ほど不機嫌様に譲ってしまう場の力学

素直でいい人ほど不機嫌な人に言葉を譲ってしまいます。その結果、詰問的な態度と釈明的な態度の構図が自然に出来上がってしまうのです。いい人は無意識にその構図に参加してしまうのです。

ある会社の事務フロアでの風景です。

「誰だ。アイウ印刷にこれを依頼した奴は！」

A課長の机から突然大きな声が響きます。部屋全体に響く声です。一瞬にしてフロアが静まり返り、何事かと皆が顔をあげ様子を伺います。

「B君。もういっぺん来てくれ」

女子事務のB子が再び課長の机に呼ばれます。こちら側の発注数のミスを最初に見出したのがB子だったからです。再び事情聴取です。

苛立ちの収まらない課長は、B子をいろいろ問い詰めます。B子はしどろもどろで発見した経緯を再び一から説明します。第一発見者にすぎないのですが、課長の勢いに気圧され釈明的なものいいです。もしも、遠目に二人を観察したら、まるでミスを犯したＢ子に課長が叱責しているような図のはずです。

皆さんはこのような情景を目にしたことはありませんか。

世の人間関係の構図は、大きく二タイプに分けることができるでしょう。

①場の空気を支配しがちな人

②場の空気に押されて行動してしまいがちな人

前出の例のＡ課長は①、Ｂ子は②のタイプです。

もちろんこれらの関係は固定したものではありません。相手により状況によりその立場は複雑に変容します。

しかし、明確にいえることがあります。②の場の空気に押されて行動してしまいがちな人たちは内面に強い協調性と迎合性を持っています。ここでいう迎合性とは、意識的に強者に媚びへつらうしたたかな迎合性ではなく、ついつい場の空気に合わせてしまう、人のいい迎合性です。

迎合性が良い意味で使われることはあまりありませんが、本書では後に迎合性が持つ素晴らしさをあえて再評価します。そのうえで、迎合性の強い人間が不利益を被らないように生きていくにはどうしたらよいかを述べていきます。

「強い意志を持て、情けない態度を改めよ」などと言いたいのではありません。容易に立場を逆転できることを示したいのです。対等な人間関係を再構築するにはどうしたらよいか、時には精神的な上位者となって場をリードするにはどうしたらよいか、順を追い解き明かしていきます。

03

双方に呪縛をもたらす非言語メッセージの罠

場を取るか取られるか、役決めの手助けを行うのが非言語的メッセージです。

コミュニケーションの手段として人の間で交わされるメッセージには二つあります。言語メッセージと非言語メッセージです。「おはよう」の言葉は言語メッセージ、それに付随する声の調子や表情は非言語メッセージです。

非言語メッセージが場を支配していく様子を男女間に起こりがちな場面を例に見てみましょう。

とくに男女間では、コミュニケーションの多くを非言語メッセージが担っています。うまくいっているカップルもいっていないカップルも同じです。恋愛初期には言語メッセージに乗せて付随する数多くの親和的な非言語メッセージが送られます。それに対し、男女の倦怠期には数多くの不協和な非言語メッセージが送られます。相手の期待に即応することを意図的に避け、別の反応が返されることが多々あります。倦怠期の男女には「じらし、はぐらかし、つきはなし、かわし、いらだち」などの無意識の非言語メッセージが満ちています。

たとえば、次のような場面を想像してみてください。

飲み会への参加の許諾を得ようとして台所の妻に夫が話しかけようとしています。勘のいい妻はすでに夫の様子から察しがついています。そして、今月はもう何度も夫が飲み会に参加しており、言い出し辛いことも見抜いています。

妻の中には小さな意地悪が芽生えています。台所に入ってきた夫が口を開く直前に、入れ替わるように妻は風呂場へお湯をはりに出て行ってしまいます。話しかけたそうに夫が後をついてくると、忙しそうに脱衣場でわざとすり抜け、妻は再び台所に戻ってしまいます。夫は踵を返し、また妻を追わざるを得ません。

このような状況にあって、話しかけたそうな夫を背中で感じながらも、妻は余計に無関心を装い意固地に夫の欲求をかわし続けたくなります。飲み会に参加する夫を結局は止められないと分かっていても、素直な反応が取り辛いのです。「じらし、はぐらかし、つきはなし、かわし」の非言語メッセージを自分では止められないのです。

前記の場合、場の支配者は妻です。そして場の強者も妻です。非言語メッセージが場を取り、優位に立ち、相手を支配する強力な手段であることを、人は無意識に知っています。

しかし、同時に自分自身をも支配してしまいます。この妻が「じらし、はぐらかし、つきはなし、かわし」行動を自分では止められなかったように。

蜘蛛の巣を張って獲物を捕縛するには自分自身が蜘蛛の巣の住人でなければなりません。獲物の蝶が蜘蛛の巣に捕らわれる時間より蜘蛛自身が蜘蛛の巣に捕らわれている時間の方がずっと長いのです。そして、多くが神経の消耗戦に陥ります。

場を取り戻す方法は非言語メッセージの呪縛から解き放たれるための技でもあります。

04

空気を壊さない努力がイジメにつながることも

集団にはいつも暗黙の場の規制が働いています。場の雰囲気を壊さないために少しぐらいの不快は我慢するいい人がいる一方、我慢してくれるのをいいことに増長する者も現れます。このような構図がイジメを生む場合もあります。

ある日、男子高校生の集団が駅前の噴水広場でふざけ合っているのを私は遠くから見ていました。観察していると、一人のやんちゃそうな男の子がもう一人の人のよさそうな男の子にシャドウボクシングを仕掛けていました。やんちゃ君のジャブはお人よし君の顔面に向けられています。本気で当てたりはしませんが、寸止めでかなり近くまで伸びてきています。お人よし君が笑顔で止せというふうに掌で制します。すると今度は、お人よし君の掌をサンドバックにしてやんちゃ君が拳を打ち始めました。お人よし君は笑顔のまま他の友達の影に逃げ込んでいました。

男の子らしい悪ふざけですが、私は職業柄こういった光景にすぐに注意を払います。つまり、イジメかどうかを見極めるのです。

前記の状態ですでにイジメといえるのではないかとお考えの方もいるでしょう。しかし、私はそうは思いません。

芋の子洗いという言葉があります。昔、サトイモの皮むきは芋を入れた桶に水を張り、その中を板で乱暴にかき回して行っていました。こうすると芋どうしの摩擦により皮はそぎ落とされ、芋は美味しい実を露出するのです。

男子の世界は芋の子洗いです。全員が公平であることは理想ですが、目に見えない力関係のやりとりがあるのは仕方のないことです。むしろある程度の摩擦がたくましい男子を育てます。まったく摩擦がないようにと、一つ一つ独立した仕切りに分け入れるような扱いが正常な成長をもたらすとは決して思いません。少年期や思春期に摩擦を受けずに育った男子は女子よりもろい――これは私の持論です。

話が横にそれました。前記の場面に戻りましょう。こういった場面における私のイジメかどうかの認定基準は執拗かどうかです。他の男子の背後に逃げ込んだお人よし君をやんちゃ君がシャドウボクシングで執拗に追い回し続けるかどうかです。

お人よし君が笑顔かどうかは関係ありません。体面が保てるかどうかです。このシャドウボクシングは短時間で終わってくれるから笑顔で済ませるのです。ところが、いつまでも続けば心理的にもごまかしが効かなくなり、体面が保てなくなります。そのまま行けば、やんちゃ君を避けるか、やんちゃ君に隷従するか、やんちゃ君と対決するかいずれかの選択を強いられるところまで追いつめられます。

右の男子高校生の例に限らず、多くの人は友達との間でムキになることをかっこ悪いと思っています。感情を害した姿をあらわにすればその場の空気を損ないます。仲間どうしの間では「和の中にいる」という暗黙の場の規制がいつでも働いています。不快を感じても取り繕い笑顔でいるしかないことの方が多いのです。快不快は相手の手加減、さじ加減任せになってしまいます。

場の空気を壊さない努力が逆に自分自身を追いつめてしまうことになるのです。

05

実は無意識に場の協調者になって不利益を招く

私たちは職場においてもプライベートにおいても人といるときは必ずその場の空気の影響下にいます。

皆さん自身が身を置く個々の環境を振り返ってみてください。そこが職場であれ、プライベートの集まりであれみな同じです。その場を支配するのは人ではありません。場の空気です。


たとえば、大手企業の事務フロアを想像してみてください。そこの責任者がそのフロアを直接支配しているのではありません。責任者が発する様々なサインと周囲の協調が場の空気を作っているのです。そして職場に身を置く方々は、自身も参加して作った場の空気に、自ら身を委ねているのです。

責任者が行っているのは場の空気の先導と維持です。そして居合わせる部下たちは心地よいか悪いかに関わらず無意識にその場の同調者になっているのです。

不慣れなリーダーは鵜飼の鵜匠のように個々の部下を動かそうとするでしょう。

熟練したリーダーは場の空気作りに腐心するでしょう。

場の空気はフロア全体だけでなく区域を限定してもそれぞれに存在します。隣り合うデスクの同僚間の空気や課長とその近くに机を並べる課員の織り成す空気。これら様々な空気が重なり合って全体のフロアの空気を作っています。

磁性体である鉄はそれ自体では引き合ったり退け合ったりする能力を持ちません。しかし、磁場の中におかれると鉄自体が協調し磁石としての働きをみせます。磁場は鉄のように強調する磁性体がなければ何ら外界に作用を及ぼすことはありません。場の空気といい人の関係はまさに、磁場と鉄の関係に似ています。

ここで肝心なことは、協調者がいなければ場の空気はその効果を失います。場の空気とは強権者と協調者の合作であり、決して強権者一人で出来上がるものではありません。

「俺は組織なんかに絶対かしずかない！　いつかあのＡ課長とＢ部長をぎゃふんと言わせてやる！」などと夜の飲み屋で大見得切っている万年係長も、実は日中の職場では無意識に場の空気の参画者になっているものです。

多人数の場であれば、その空気を個人の力で変えることは容易ではありません。ですが、二人だけの場ならば話は別です。相手がどんな強権者であろうともあなたが協調者にならないかぎり場の空気は成立しません。

そうはいっても、要求されたら押し切りがたい相手が現実にいるではないか、あなたはそう反論されるかもしれません。

しかし実は、押し切りがたいのは相手ではないのです。無意識に自分がその場の空気の協調者になっているからなのです。

押し切りがたい相手は、知らず知らずに場の空気に協調している自身なのです。

06

相手の反応に踊らされないために

いい人の持つ特徴の一つは応答性の乏しい相手に無駄に気を使うことです。相手が何を考えているか分からない状態が不安なのです。応答性の乏しい人は返事もぶっきらぼうで冷たく感じるものです。

教育現場や企業における新人研修担当者はおそらく実感していると思いますが、応答性の乏しい若者が増えてきています。そこで最近表れだした新しいパターンを紹介します。

一対一の場面で人から何かの説明を受けているとき、通常は二つの回路のスイッチが入っています。一つは説明を理解しようとする学習回路、もう一つは対人交流回路です(この二つの回路の用語は私の造語です)。多くの人がこの二つのスイッチが入った状態で説明を聞きます。説明を聞きながらもうなずき、「ハイ。ハイ」や「ウン。ウン」と説明の言葉に対する合いの手を入れるのが普通です。

ところが、この二つのうち対人交流回路のスイッチを入れずに説明を聞く人が一部の若者に見受けられるようになってきました。学習のスイッチのみが入った状態で聞き続けるのです。「ハイ。ハイ」や「ウン。ウン」の合いの手が入りません。私はこれを「人形聞き」と呼んでいます。「人形聞き」する相手に対し、説明者は一人空回りしているようで不安を覚えます。

これが職場なら厄介です。新人社員に仕事を教えているとき「人形聞き」されると、先輩社員は怒りを覚えることになります。黙って人形のように立っているだけに見えます。「ちゃんと、聞いてんの？」などと問いただしたときのみ返事が返ってきます。指導する先輩社員がストレスを抱えていきます。

また、これが友達の間で起こり説明者がいい人である場合、いい人はいたずらに不安に陥ります。相手が不機嫌に見えます。何か相手が嫌がっていやしまいか、自分を嫌っていないか勝手に探し始めます。

「自分のどこがいけないのだろう」自問に陥りがちです。

この自問の厄介なところは必ず答えを見つけないと安心できないところです。そして勝手な解釈を見つけます。懸命に探して見つけた答えというのは負の信念として容易に定着してしまいます。いろいろなものを関連付け構造化し内在化します。

自分の欠点を探す自問は自己否定観を刻みます。周りが具体的に指摘している場合は別ですが、そうでなければ自分の欠点ほど探す価値のないものはありません。

これは失恋した女性にも同じようなことが起こります。「自分のどこがいけないのだろう」自問に陥り、とらわれ、いたずらに傷心を長引かせているのです。

ちなみに、若者の応答性の喪失は一部の知識人が「ゆとり教育」に原因があるかのような発言をします。しかし、これは誤りです。「人形聞き」の原因は成長期のゲーム機遊びです。

さらに余談ですが、実はいい人も片方のスイッチが入りにくいものです。応答性の乏しい人と違って対人交流のスイッチの方が優先的に働きます。「ハイ。ハイ」と説明の言葉に対する合いの手をいれているのに、結局は聞きもらしていたりすることが多いのが特徴です。気をつけたいものです。

07

場に支配された究極の状態とは

場に支配された状態の最たるものは完全に相手にのまれた状態です。これがどのように作用するか究極の場合を考えてみましょう。

人が完全にのまれた状態では正常な判断力が保てなくなってしまいます。相手の言葉に異常にとらわれた状態に陥り、他のことに頭が回らない状態になります。精神的に完全に支配された状態になってしまうのです。

壮絶な裏社会の実態を描いたあるノンフィクション作家の本を読み、大変驚いたことが私にはあります。大変恐ろしい話をして恐縮ですが、場に支配された究極の状態を理解していただくために、あえてその内容をご紹介します。

それは殺し屋の話です。闇社会に生きる殺し屋が堅気の命を奪うとき、どのような方法を用いると書かれていたと思いますか。

答えは生き埋めです。死体が出なければ警察が殺人事件として動けないことを彼らはよく知っているといいます。そこで誰も来ない山奥に連れて行き、自分で穴を掘らせ埋めてしまうそうなのです。人が入るほどの大きさの穴が開いたら、動けないほどに痛めつけそのまま埋めてしまうのだそうです。

（繰り返しますが、私が殺し屋と縁があるわけではありません。すべて暴力団やその裏社会を取材したライターの書籍による知識です。私はごく、ごく、ごく善良な一般市民です。念のため）

決して関わりたくない身震いするような世界ですが、あえてここに記したのは注目していただきたい点があるからです。「殺し屋が被害者に自分で穴を掘らせる」ということです。大概の場合が従順に掘るというから驚きです。

冷静な判断力が働く状況にあれば、その穴が被害者自身を埋めるためのものと容易に気付くはずです。しかし、完全にのまれた状態においては、被害者は思考が停止した状態に陥ってしまいます。客観的な判断自体を心が受け付けなくなり、呪いにかかったように相手の言葉に従ってしまうのです。

完全に相手にのまれた状態というのはこれほど抗しがたいのです。自分の死という最も不利益な結末への手伝いをしてしまうのです。

かくも場の力は強いのです。

そして、同様な不合理な選択は、右にあげた極端な例ほどではないにせよ、程度の差こそあれ同僚間、家族間、友達間、上司部下の間でも起こっているのです。

相手が絶対的な威圧者やカリスマ的な人物である場合はなおさらです。私たちは無意識に強力な協調者として反応しています。まるで強力な磁石を前にして磁化された鉄のようです。

抗しがたいのは相手の磁力にではありません。磁化された自身の磁力に抗しがたいのです。そのような場の力に対し理性は存外非力なのです。

08

日本人に特有の迎合性とは

日本人には特有の迎合性が存在します。日本人の迎合的気質が生まれた土壌と、この気質の有益性を分析してみましょう。

再び、唐突な質問をいたします。シマウマはどうして乗馬に適さないと思われますか。シマウマといえども馬です。褐色馬（イエウマ）のように、シマウマも幼いころから人間に慣れさせ調教して乗馬に利用できないものか、そう考えても不思議ではありませんよね。でもシマウマの調教はとても難しいようです。

褐色馬はもともと家畜としての長い歴史があります。その中で人為淘汰を繰り返し受けてきているのです。扱いに困る気の荒い個体は子孫を残すことなく食用として殺され、従順な個体のみが世代を継いできたのです。

実は人間自身も程度の差こそあれ人為淘汰を受けてきていると考えられています。

遥か昔、人間の集落は一族の長が絶対的な権力を握っていました。人間は社会性の動物です。成文法のないこの時代、生殺与奪権を掌握した集落の長が法でした。長に逆らったり一族に害をなしたりした者は有利な生活圏から追放されました。秩序を乱す著しく協調性のない者がその子孫を残すのは可能性の低いことであったと考えられています。

特に日本は山地の多い島国であり、平野部人口密度の高い国です。生活に適した限られた平地を共有しながら生活してきたのです。他国以上に協調性や迎合性が社会の維持に大きな役割を果たしてきた国なのではないでしょうか。

日本人の迎合性を「強者に抗う勇気のなさ」と同義にとらえてはいけません。日本人は決して勇気のない民族ではありません。

不安の感じやすさはある遺伝子に強く支配されています。セロトニントランスポーター遺伝子です。この遺伝子には最も不安を感じやすいＳＳ型、最も不安を感じにくいＬＬ型、その中間のＳＬ型の三つのタイプがあります。日本人はＳＳ型保有傾向が欧米人に比べ五割も多く、ＬＬ型保有者が３％と世界で最も少ない民族です。

すなわち日本人は世界で最も不安を感じやすい民族なのです。しかし、災害や戦争などの極限状況においても、日本人は勇壮な行動をとることが知られています。不安のない状況で行動を起こすことと、不安を抱きながら行動を起こすのとではどちらが大きな勇気を必要とするでしょうか。もちろん後者です。日本人は不安な気持ちに抗いながら打ち勝ち、行動を起こしてきた民族なのです。

先の震災においても、ほとんどの被災者が命の危険にさらされていても秩序を失いませんでした。

迎合性は日本人の誇るべき気質です。決して恥じるべきものではありません。むしろどのように世界に貢献できるか、その活用を模索すべき大切な資質です。

今、世界人口はますます増加し、生活圏を共有していかなければなりません。人口増加に伴い、世界はますます狭くなっていくのです。求められるのは日本人の協調的な生き方ではないでしょうか。

09

いい人とは親との関係性から生まれる

我々は人付き合いのルールを、幼いころから親子関係を基軸として学んできています。対人的な反応は、幼少のころから幾度となく繰り返され習慣化されてきています。実は、「いい人癖」は親との関係性から生まれてきているのです。

親子関係にも多くの非言語メッセージが交わされます。小さなサインプレーの連続です。親はわが子が意に沿わない行動をすることがないように不機嫌や怒り、またはその予兆を与え、無意識にコントロールしています。子は暗黙のうちに親に従うこと、親の感情を読み取り、親のコントロール内でいることを学んできたのです。

いい人癖の根源は相手に従うよう身に沁みついた心の癖なのです。

あなたは親と改まった態度で話し合いの場を持ったことがありますか。あなたは親と改まった態度で話し合いの場を持ったことがありますか。

なければそのような場面を想像してみてください。独特の感覚を抱きませんか。バツの悪さを感じるでしょう。面映ゆさ、日常を破壊してしまうような感覚。これこそいい人を支配していた心の枷《かせ》なのです。そして、このバツの悪さこそが乗り越えるべき精神的な障壁なのです。

場の力に無意識に協調してしまう反応は、多くは親とのやり取りの中で生まれ、強化されてきた癖なのです。言い換えれば、「いい人癖」は親の残像に対する反応だったのです。ですから、「いい人癖」を直す方法は、親の残像がない立ち位置に立つことなのです。このことを承知しておいていただくと、次章で述べる具体的な方法の理解への手助けになると思います。

ここで注意しておきたいことが二つあります。

まず第一に、「いい人癖」とは場を取られやすいただの癖でしかないという見方をすることとです。人格的な優劣でいい人を論じた本があることは本当に残念なことです。むしろこのような批評こそ、原因究明の眼を曇らせてしまいます。自立しているかどうか、未熟かどうかも関係ありません。大人であっても多かれ少なかれ小さいころからの感じ方の癖はいろいろな形で残っています。人によって爬虫類に対する好悪の感じ方も違います。庭にいるカナヘビが苦手だとしても勇気のない人という見方はしません。その人の一面としてしか見ないはずです。「いい人癖」も親との関係から生まれた、ただの癖でしかありません。対人的な癖であるために他人との交流の中で顕在化しやすいだけです。

第二に、「いい人癖」は親の責任ではないということ。後の章でも述べますが、自身に起こることは、すべて自分を主語とする文脈の中で思考しない限り、解決への道筋は描けません。責任の基軸はすべて自分におくことです。

「いい人癖」は場を取ることを覚えるだけで容易に克服できます。いい人をやめるより、場を取ることができるいい人になることで、「いい人癖」を直してください。

なぜなら、他者に対する態度はめぐりめぐって必ず本人に帰ってくるものです。いい人が放った心地良さも、いつかは本人に返されます。いい人をやめるより、その気質を生かしてさらに成長した方がより幸福になれるはずです。

10

必ず変えられるのに
我慢して
このまま
暮らしますか？

人間関係の議論の中で必ず語られてきたことがあります。それは心が強いか弱いか、気が大きいか小さいか、勇気があるかないかです。しかし、前節でも述べたように、いい人に対してこのような価値尺度を当てはめること自体が誤りです。いい人とは裏返せば傷つくのを恐れて自分を前に出せない弱い人……このようなイメージを持っていませんか。その理解は間違いなのです。

集団を形成する動物には個体間の過度の競争と軋轢を軽減するためのシステムが遺伝子に刻まれています。人間には高度な協調性や迎合性がそのシステムの中心にあります。先に挙げたセロトニントランスポーター遺伝子もその一つで日本人に多いＳＳ型の人ほど内向的で従順な性格が強くなります。いい人が持つ性格の癖はその遺伝的性質がより強く発現される家庭環境にあったかどうかが個人差となって表れているだけです。

あるべき信念を曲げて強者に追従したり、独立性を損ない不利益を自他にもたらすことさえなければ迎合性だって立派な美徳です。大切な場面で自立的であればいいいのです。ここぞというときは自分の信念に忠実に行動できる人であれば、他のどうでもいい場面で迎合的であっても一向に構うことはありません。むしろそんな人ほど愛されるはずです。最もいけないことは自分を弱い人間のくくりに入れることです。また、人のいい相手に弱い人間の烙印を押すことです。

次章では具体的な場面を想定しながら書きます。何も失うものはありません。行動してみてください。失敗したって「何か今日のお前、いつもと違うなあ」そんな程度の反応があるだけです。

学び習得するために最も近道となる方法は何だと思いますか。それはインプットではありません。アウトプットです。

滋賀県のある公立高校は画期的な英語教育をしています。そこでの授業は文法なんかまったく教えません。先生が例文を与え、その例文を使って生徒が様々にディベートを行ってみるという授業です。予習量も辞書を引く頻度も他校よりずっと少ないのですが英語の成績は素晴らしいのです。

学ぶとはインプットではなくアウトプットだとつくづく気付かされる例です。

読者の身近な場面においてもきっとあてはまると思います。あなたはパソコンの複雑な機能や操作をどのように習いましたか。説明書をじっくり読んでという人はほとんどいないでしょう。

人間関係でも一緒です。百を学ぶより一を実行（アウトプット）してみることの方が倍の効果があります。

たった一度でも実行してみること、ただそれだけで人生が変わるはずです。

あなたは、このままなめられたままで生き続けますか。

コラム1

同じことを言っているのに食い違うのは何か　伝聞の危うさ

言い分の又聞きほど不正確なものはありません。誰しも自分に共感してほしいものです。自分の方に正当性があることを主張したいがために、情報の選別と再編をしています。また、言葉の定義にも違いが生じています。結果、言い分には偏向が生じています。

あるご夫婦がいました。仲のいいご夫婦ですが、それぞれ相手に一か所ずつご不満があるようでした。

奥さんが旦那さんのことで嘆いていました。

妻「うちの旦那はご飯をすべて残さず食べるという習慣がないのです。私は残さないのですけど。子供ができたら、夫が悪い手本になりそうで不安です」

一方、その旦那さんの方も奥さんのことで愚痴を言っていました。

夫「私は子供のころからご飯を残さず食べるのが当たり前として育ったのですが、女房はそうではないらしいのです。よくご飯を残します。子供ができても、残さず食べなさいなんて言えそうにないのです。困ったものです」

さあ問題です。この話、夫婦で互いに矛盾する話をしています。あなたはどちらが真実を言っていると思いますか。見破ることができますか。

実は、どちらも真実を述べています。そんなことってあるのかと不思議ですよね。あるのです。これは言葉の定義の違いによるものです。

奥さんの意味するご飯は白いお米を炊いたご飯です。小さいころからご飯だけは一粒も残すなと言われて育ってきた奥さんは茶碗についた最後の一粒まで箸で摘まんで食べています。しかし、その他のおかずに関しては残すことがあります。誰でも一品や二品、苦手な食べ物があるのは当たり前という考え方です。

一方、ご主人のいうご飯は食事全般です。ご主人は好き嫌いがあること自体恥ずべきことだと考えています。ご飯もおかずもどちらも対等で特別視はしません。カツの下のキャベツも刺身の下の千切り大根も食べてしまいます。しかし、千切りの一筋や二筋、米粒の一粒や二粒が器に残っていても残したうちに入らないと考えているのです。

ここで実感していただきたかったのは、どちらが正しいかではありません。又聞きの危うさです。この二人の夫婦の主張のように又聞きしたものはどれほど正確を期して聞いたとしても、言葉の意味のずれ、解釈のずれが少しずつ起こっています。

いい人は争いに巻き込まれやすい体質の持ち主です。話を聞いてあげること以上の深入りは絶対避けなければなりません。争いは本人たちの問題です。

第2章

場を取り、自分のペースに引き込む基本とは

11

人間関係改善のカギを握るのはストレスを感じている側

この章では、いい人が損をすることなく生きていくための基本的な方法について述べていきます。

各方法を述べる前に、最初のこの節では、その前提となる問題のとらえ方について述べます。

人間関係解決への労を最初に取るべきは、ストレスを与えている側かストレスを感じている側か、どちらであるべきかという問題です。どちらだと思いますか。

実は解決のカギはストレスを感じている側にしかないのです。

どちらが良いか悪いかはまったく関係ありません。このことを見ていくために次の例を考えてみましょう。

Ｏ太君とＪ郎君は遊び友達です。しかし、日ごろからＯ太君の口調が上から目線で、Ｊ郎君はいつも気になっていました。特に最近のＯ太君にはカンに障る発言が多く、Ｊ郎君は表面上は普段通りに振る舞っているのですが、Ｏ太君との距離を置きたくなっています。一方、Ｏ太君にとってＪ郎君は一番の気安い相手であるようです。J郎君の心を察することもなく、O太君はJ郎君を頻繁に遊びに誘います。

仮にあなたが天の声を伝える天使だとしてください。自分で気づいてもらうのが天使の役割です。天使の声をささやくマイク、ウィスパー・ワーズ・オヴ・ウィズダム・マイクを頻繁に使うことはできません。あと一回、O太君かJ郎君のどちらか一方にしか声を掛けることができません。あなたは天界放送席で悩んでいます。この一回を無駄にできません。さて、あなたは関係改善のためにどちらに声を掛けますか。

O太君の方が悪いのだから、O太君にもう少し言い方に注意するようささやくと考えた方も多いでしょう。

しかし、先ほども述べたように人間関係解決のカギはストレスを感じている側にしかありません。どちらが良いか悪いかはまったく関係ありません。O太君は関係改善の必要性をまったく感じていないのです。ですから関係改善への動機は、この段階ではO太君にはまったくないのです。ストレスを感じ、問題解決を願っているのはＪ郎君の方です。Ｊ郎君に問題解決への端緒を開いてもらわなければならないのです。最終的にはＯ太君が上から目線の口調をやめるかどうかが問題であっても、初期段階はＪ郎君がＯ太君に上から目線の口調が不快であることを伝えたかどうかです。どちらが正しいかより、どうしたら解決するかです。本当の天使なら次のようにＪ君につぶやくはずです。「Ｏ太君に気持ちを伝えてごらん、あとはなすがままでよし」と。

同様の問題は、社会においても存在します。多くの場合、不利益を与えている側に原因があるのだから、不利益を与えている側が自ら気づき、解決への労を全面的に請け負うべきだと考えてしまいがちです。しかし、このようなスタンスでは問題が解決しないことがほとんどです。問題が長く放置されてしまいかねません。不利益を被っていることを伝えていない側にも幾分かの責任があるのです。労の大半を加害者側が負うべきだとしても、端緒だけは被害者側が開かなければなりません。

この考え方に立って次節以降に紹介する各方法を実践してみてください。

12

力関係をリセットするには「場を改める」こと

いい人が自然に取り込まれてしまう場の力から脱する方法を見てみましょう。

ここで一度あなたが抗いがたい場の力をイメージの中に呼び覚ましてみましょう。場の力の余韻は一人になってもあなたの中に残っています。次の想像を行ってみてください。あなたに対して上から目線だと感じる相手と今、想像の中で対面してみてください。試しに相手から言われたことすべて同じ口調、同じ調子で言い返してみてください。できますか。どんな思いがこみ上げてきますか。悔しさですか、歯がゆさですか。あなたとその方が対等であることを想像できますか。

あなたの想像の中に抗しがたい力としてイメージされるのが強者の場なのです。感情をぶつけてみたいが押し戻される感覚、これが強者の場の力です。

場の力に対して情動は無力です。場の強者に抗しがたいのは自身が無意識に相手の協調者になっているからです。相手の場の力に協調してしまっている自身の記憶が、体感として残っているからです。

ではどのようにすれば場の力から脱することができるでしょうか。

今度は別の想像をしてみましょう。自分の親と対峙するところを想像してみてください。イメージの中で自分の親を一人ずつ呼び、テーブルを挟んで対面してみてください。そして、敬語で「今まで大変お世話になってきました。いろいろありましたが内心ではとても感謝しています」そう改まって挨拶してみてください。特に理由がなくてもいいのです。面はゆく、やりにくいと感じませんか。なにか日常を壊すようで抵抗を覚えませんか。しかし、まったくできそうにないとは感じないはずです。強いて今やろうとは思わないけれど、機会があればできそうだと思いませんか。

実はこの時の心理状態こそ場を取るカギなのです。親を親として扱っていないのです。一人の大人として対峙しているのです。親に対して改まることさえできれば、どのような他人に対しても場を取ることは容易にできます。

強者との力関係をすべてリセットし、公平で対等な関係に二人の身を置きなおす、誰でもできる方法が一つだけあるのです。とても簡単です。

改まること――たったこれだけです。

声の調子も、態度も、場所も、状況もすべて改まって対峙することです。一対一です。たったこれだけで相手を異次元の空間に連れ出し、気付けばあなたの場に相手はとらわれています。

不思議なもので、一度でも改まった態度に出られると、相手の強者はいつもと違う感触を覚えるものです。日ごろの気安さとは異なる感覚を、相手の強者が抱きます。一種のやりにくさです。そして、その日以降、安易に上から目線で話したりできなくなるものです。

また、自分自身の中に大人の自我状態を作り出しています。この自我状態においては親を親として扱っていません。前の章で述べたような親の残像の影響を受けることはありません。

この事実は私自身や私に相談に来たことのある教え子によって何度も試みられ成果を上げています。

13

挨拶上手が場を取る

場を取るもう一つのコツは凛とした声です。しかも周囲に先んじて声を出すことです。

講義や講演を例に見てみましょう。聴衆をひきつける基本はエネルギッシュな挨拶をすることです。壇上から凛とした声で「みなさん！　こんにちは！」と第一声をあげれば聴衆も同じエネルギッシュな状態になります。「えー、では、そろそろ、始めたいと思います」などと元気のない第一声をあげれば、聴衆もその状態で聞き始めます。人前で話すことが多い人は誰もが経験しているところです。

挨拶に込められた心の状態は必ず呼応します。凛とした挨拶は場を取る基本なのです。皆さんの周囲を見回してみてください。存在感のある人は必ず挨拶の声に張りのある挨拶貴族です。張りのある声自体が場を取る効果が高いのです。

挨拶が苦手な人は挨拶の空振りや空回りで自分の体面が崩れることを恐れます。

こんな場面を想像してみてください。向こうから同僚が歩いて来ているとします。

もうこちらの存在に気付いているはずです。こういった状況でも向こうから先に挨拶してくれることはありません。すでに互いが挨拶の射程距離に入っている状態なのにスマシ顔です。仕方なく自分から「おはよう」と声をかけるとやっと目も合わせずに「おはアッス」と面倒くさそうにつぶやく声が返ってくるだけです。

こういったスマシ屋は軽視されることを恐れ、いつも伏線を張り続けています。飲み会などで定刻に必ず遅れてくる人と同じ心理を抱いています。軽く見られたくないのです。このような相手にいい人は振り回されがちなのです。すまし屋さんが挨拶射程距離内で最も体面を保つ方法が挨拶をよこした相手だけに挨拶を返すことです。挨拶とは、かくも人間の体面を左右するのです。

しかし、このような相手に対してもたちまち場を取ってしまう方法が、凛とした挨拶です。本当に優れたリーダーがいつも自分から元気な挨拶を部下に仕掛けていくのを見たことがあるでしょう。これこそいい例です。

挨拶の空振りは実に恥ずかしいものです。私にも経験があります。高校時代の私は超堅物クンでした。ある朝、クラスの可愛い女の子と廊下ですれ違いました。その子は私に向かって「おはよー」と手を振ってくれたのです。私は有頂天で「おはよー」と手を振り返しましたが、私の後ろからも同時に「おはよー」が聞こえてきました。その子は私の後ろにいた女友達に挨拶したのでした。すれ違った後、彼女たちの大爆笑が後ろから聞こえてきました。私は恥ずかしさで振り向けませんでした。バツの悪さと言ったらありません。

しかし今の私なら振り向き、こちらを後目《しりめ》に大笑いをしている二人に向かって、チャオポーズを添えながらもう一度「お、は、よー」と元気にやるでしょう。

14

呼び方を変えるだけで人間関係が変えられる

人間関係には目に見えない上下関係が存在します。その上下関係を簡単に清算できる方法があります。それは相手の呼び名を変えることです。そのことをイメージで体験していただくために、次の想像をしてみてください。

まず、あなたが苦手にしている同僚や友人を思い浮かべてみてください。その人のことを明日から呼び名を変えることができますか。

たとえば、その方を黒柳徹夫さんとしましょう。仲間内からはヤナテツさんと呼ばれています。あなたは黒柳徹夫さんを明日から呼び名を変え、クロテツさんと呼ぶことができますか。もちろん突然では変なので「ヤナテツさんでは嫌なテツに聞こえるといけないから、今日からクロテツさんと呼びます」などと正当な理由を言ったうえで呼び換えるのです。できますか。

いい人に共通する最も困難なことの一つが相手の呼び名を変えることです。立場上対等な友人関係にあっても精神的には目に見えない上下があります。上位者は下位の友を新しいニックネームで呼ぶことができますが、下位者は上位の友に新しいニックネームをつけることが困難です。あるとしても共通の友人が新しいニックネームで呼びだすのに同調してのことが多いものです。

実は相手の呼び名を変えるというのは人間関係の立ち位置を変えるという作業です。だからいい人にとっては不安や抵抗感を感じるのです。たとえ相手が感情を害さないと分かっていても難しいはずです。

それが最も端的に表れるのが、実は親子関係です。

再び想像してみてください。あなたの母親を今までと違う呼び方で呼ぶことができますか。自問自答してみてください。今日まで「お母さん」と呼んでいたとしたら、明日から「おふくろさん」あるいは「おふくろ」と呼べますか。

いい人ほど抵抗を感じるでしょう。これも親の残像の影響です。

面はゆい、慣れなくて気色悪い、なんだかヘンなどいろいろな抵抗感があるでしょう。そこを思い切って変えてしまうのです。それこそいい人がほんの少しだけ勇気を出して越えるべき壁なのです。呼び方を変えるだけで場を取る効果があります。それだけで人生が変わるはずです。試してみてください。

犬は飼い主を下に見ている間は、飼い主の体にのりかかろうとします。しかし、一度でも鼻を押さえられると上下の立場が変わり、飼い主にのりかかることができなくなります。これと同じ効果があるのです。

相手の呼び名を変えるということは立ち位置を変えるだけでなく、今までの人間関係を清算する効果もあります。今まで無意識に強く出ていた人たちが自然にひいてくれるようになります。相手と摩擦感を覚えることなく人間関係を変えられるのですから、試してみる価値は十分にあるはずです。

ただ、注意したいことは新しい呼び名を使い続けることです。元の呼び名に戻せば自然に元の立ち位置に戻ってしまいます。

15

親と「場を改めて」話してみることがトレーニングの一歩

場を取る最も優れた練習相手が親です。改まった態度を取るのに最も抵抗を覚えるのが親なのです。先にも述べたように、なにか場違いで日常性を壊してしまうような心理的な抵抗を覚えるでしょう。この心理的な抵抗感こそ場の力の本質です。開き直ってこの壁を乗り越えてしまうのです。これができれば、その他どんな場面においても場を取り、人間関係を思う方向に誘導することができるのです。

次に紹介するのは私が日ごろ行っている指導の例です。高校生が親の口出しを止めさせるための話ですが、大人同士の場面にも応用できます。

親の口出しに悩む高校生は多いものです。進路に関して親の希望と食い違う場合は、勉強のやる気にも影響します。親のことを口うるさく思っていると、そこから逃れるための反応をしてしまいます。話の途中でもついついうるさいハエを追い払うような口調で答えておいて、自室に逃げ込んでしまいがちです。一方、親の方は言い分をすべて出し切っていないので不完全燃焼です。そして、言い足りない分を言う機会を探り、それを察知する子ども側が余計に逃げるという悪循環になります。

このような場合、私は次のような指導を生徒にしています。それは、文字通り親と向き合って改まり話すことです。

まず、生徒の方から親に、話があるからと話し合いの場を持ちかけます。場所も時間も自分から持ちかけます。「もったいぶらずに今ここで話せばいいでしょ」と返ってきても、「大切なことだから改めて話します」と敬語で答えます。そして用意した時間と場所で、一対一で話します。感情的にならずあくまで敬語を貫きます。

この時、注意したいのは親の考えや気持ちを否定しないことです。むしろ、親に理解を示す言葉を投げかけ、親の恩に対し私は○○という形で応えたいと改まって述べます。やりにくかろうが、面はゆかろうが、とにかく改まることが重要です。話し合いの内容より改まることが最大のメッセージになっているのです。

一度に両親を相手にしてはいけません。「この件に関しては直接伝えたいのでお父さんにも私の口から直接言わせてください」とあくまで子供が主導で動きます。自分が指定した場所と状況であることが大切です。

これだけのことがすべてできる高校生はほとんどいませんが、親が気持ち悪く感じるほど改まって見せるだけでも効果があります。わが子の見方を変えます。一方的な物言いを避けるようになります。

子が親に対し、改まって見せること、場を取って見せることは大切な通過儀礼だと私は考えています。三十代、四十代の大人であっても、ほとんどの方がこのようなことを経験せずにいます。これを経験するだけでも人生のスタンスは変わるものです。

親に対し改まって見せること自体が、親子の癒着を引きはがし、互いの立ち位置を変え、親離れ子離れを促進する効果があります。加えてその後の社会生活において問題のある人間関係から抜け出し、互いの立ち位置を変えるための、精神的に重要な訓練になっているのです。

16

相手の表情の変化を言葉にして心を開いてもらう

凛とした態度で、改まって対面することで場を取ることができるのですが、常に場の優位者でいられるわけではありません。

特に相手の中に何か言いたいことがくすぶっている場合には、言い分の爆発とともに、改まり落ち着きを得た場の雰囲気を壊されかねません。あなたの改まった態度を分断するように、相手が自分の言いたいことを言い始めれば、再び場の優位者は相手になります。

そうなる前に、相手に何か言いたいことがあればそれを察知し、あなたの誘導でガス抜きをさせる必要があります。

相手に何か言い分があり、それを消化できないでいる場合、多くは何らかのメッセージを発します。非言語的メッセージです。多くの場合、姿勢を起こしたり、静かに大きく息をつくといったしぐさとなって表れます。

ここでは、相手の未消化な言い分を、その場で吐き出してもらう術を述べます。簡単です。相手の表情に変化があったら、相手の発言を促すことです。

「何か気になるところがありますか。どうぞ言ってください」

「ん？　何か気になった？　いいよ。言って」

「何か気になっているような表情に見えます。遠慮なくおっしゃってください」

無論、穏やかで受容的な態度で言ってください。相手の表情に変化が起こったことをさりげなく伝えながら水を向けるとうまくいきます。相手に逃げ場がなくなります。相手は言わざるを得ない状態になります。

このように相手の言い分を吐き出してもらうのが、あなたの誘導の中で行われれば、その場のかじ取り役はあなたのままです。

このとき注意したいことがあります。相手の負の感情を指摘することはできるだけ避けることです。

「何か不機嫌そうに見えますが、気になるところがありますか」などと言わないことです。相手は余計意固地になります。私の経験では「表情が曇って見える」程度の表現がボーダーラインです。「悲しそうに見える」はＯＫです。

未消化な言い分は皮膚にできた「腫れもの」に似ています。一人でいると気になり、ついつい自分で触れてしまいがちです。すると「腫れ」がより大きくなり、余計に気になります。未消化な言い分もその人の中で膨張します。ひどい場合には脳内口論を誘発します。脳内口論とは私の造語で、反論し相手をぎゃふんと言わせている想像を繰り返し行うことです。

脳内口論は普段の生活でも時々見られることです。職場でも仲間内でも、普段温厚そうな人が思わぬ感情的な反応をして周囲を驚かせることがあると思います。これらの多くが脳内口論の顕在化です。また、思春期の突然キレる現象も多くがこれにあたると考えています。

相手の未消化な言い分を平和的に消化する術を知っていれば、その他多くの問題解決に応用できます。

17

自分の本音が相手の本音を引き出す

相手に言いたいことを吐き出してもらうのは、それだけで人間関係再構築の契機になります。それ以降深い信頼を寄せてくれることが多々あります。

しかし、どのような形でも同様の効果があるわけではありません。問題はどちらがその機会を主導したかです。効果が高いのは聞く側が機会を与えた場合です。

いかなる場面においても、それぞれの場の主催者がいるというのが私の考えです。場を取るということは、言い換えれば場の主催者であり続けるということです。

そのために、もう一つの重要なコツがあります。それは、本音を言うことです。

「はじめに」の中で、一部の熟練した学習塾講師は、保護者懇談において驚くほど巧者だということを述べました。このような場面を経験することは普通の方には少ないことです。しかし、そこで使われるスキルや考えは参考になるはずです。私自身、他の私的な人間関係においても活用し、その効果を実感しています。

塾にとって生徒や保護者はいわば客です。客の機嫌を取るため、懇談ではお世辞を言っていると思われがちですが、そんなことはありません。少なくとも私の場合は違います。むしろ生徒が直すべき欠点が見受けられたら、親には堂々と指摘します。ここは本音で勝負します。塾内で迷惑行為をしていれば「迷惑」という言葉をはっきりと使います。遠慮なんかしません。その結果機嫌を損ね、塾をやめていくことになっても仕方がないと腹をくくっています。親に対しても同じです。母親が子に対し過干渉だと感じたら、そのように見受けられることを指摘します。

表面的な話をすれば、表面的な態度が返ってきます。逆にこちらが本音モードで接することで向こうも本音が返ってきます。たとえば過干渉な母親がいるとしたら、そのように見えることを伝えた上で、「お子様に対し、何かご不安に思っていらっしゃいますか」とか「お父様はどのようにかかわっていらっしゃいますか」などと相手に水を向けておいて、真剣に深く傾聴します。

表情が曇ったり、口ごもったり、話題を回避したりと気になるサインがあれば必ず話の流れを止めます。「そこをもう少し詳しくお伺いしたいのですが」と誘いを向けます。心をくみ取るように「なるほど、お辛いですね」「それはご不安ですね」などと共感の言葉を挟みながらひたすら傾聴します。

私は毎回、相手にできるだけ心情を吐露してもらおうと思って対面しています。赤裸な心情を吐き出しながら感極まって涙を流していただくのが一番の浄化作用だと思っているのです。保護者の悩みは多くの場合、子供の成長を待つことしか出口がないのです。

なお、否定的な言葉を伝えた相手は必ず覚えておきます。そして、改善が見られたらその旨を相手に伝え、必ず相手の名誉を回復します。

「懇談の時、他の生徒が迷惑していると言いましたが、よくなりました。彼はああいったところは素直ですね」

相手が感情を害さない程度に一つ本音をぶつけておき、聞き役に回るということは、場を取りその場を力強く主導する大きな牽引力になるのです。

18

賛同を得るための誘導法、「……ですよね？」

いい人は多くが交渉下手です。これは習性上、相手の言葉に多くうなずいてしまうのが原因です。どうしても反論できる部分が自然に狭められていきます。この節ではいい人が相手のペースにのまれて損をしないための交渉術について述べていきます。

方法は簡単です。文章の一つ一つに「……ですよね？」をつけて話すのです。念を押すことで相手に自然にうなずきを入れさせることになります。このような進め方には外堀を埋めていく効果があります。予想される反論の出口をすべてふさいでしまうのです。そして、最後の最後の「……ですね」は相手のプライドにかかわることを決め球にします。

次の場面は、人員の補充を課長に申し出て説得する方法の一つです。

「経費削減の必要性はありますが、それは費用対効果をトータルで考えてのことですよね」

「営業一課や営業二課にくらべ、この三課がここ一年一番数字を下げています。この三課が今一番頑張らなければいけない時だと思います。ですよね」

「事務処理に追われて営業のための時間が減ってしまうなどということは避けた方がいいと思いますよね」

「課長がまさか人事部の顔色をうかがわなければならないなんてことはないですよね」

これだけでノーとは言いにくくなります。

もう一つは勝とうと思わずに負けてしまうことです。負けて実を取ることです。

これは筆者が車の値引き交渉をしているとき実際にあった場面です。二百三十万円か二百四十万円かで交渉がこう着状態に入っていました。私は一歩も引かない態度で二百三十万円でなければ絶対に買わないと強硬な態度に出ていました。

相手の営業マンは困惑した態度を見せ、「お客さんそれはないですよ」と泣きを入

れ始めていました。それでも揺るがない私の態度を見て、

営業マン「負けです。完全に負けです。特別仕様車を出します。それで手を打ってください。あなたに勝てそうにありません」

私は心のうちで笑みを浮かべていました。

営業マン「他のお客さんにはおっしゃらないでいただきたいのですが、特別仕様車を出しますから。これなら同等以上でオーディオすべてついていますから。この特別仕様車を二百四十万で出します」

と、営業マンは完全にお手上げというポーズを見せました。

私は交渉に勝ったと意気揚々と帰ってきましたが、後で考えてみると私はまんまとあの営業マンの手に落ちたことに気が付きました。

先に挙げた二つの方法は何度も繰り返してはいけません。洞察力の優れた相手は必ず見抜きます。何度も使う姿を見て、また同じ手かと信用を失っていきます。

19

場をもたせるための雑談術

素直で人のいい性格の持ち主は、往々にして雑談が得意ではありません。会話術、雑談術には様々なアプローチがありますが、ここでは雑談を苦手とするいい人が抱える根本的原因とその対処法についてみてみます。

誰でも気まずい沈黙は好みません。社交的で自信のある人ほど器用に話題を起こし会話を繋げますが、優しすぎるいい人ほど沈黙の埋め方が不器用です。いい人ほど相手の機嫌の天秤の振れを敏感に察知します。天秤が不機嫌側に振れはしまいか過剰に気になってしまいます。根本原因はいい人の自己否定観にあるのです。

次の会話を例に見てみましょう。

大学のサークルの先輩「まだ、ピアノ続けているの？」

いい人「はい、一応」

先輩「じゃあ、もう相当の腕前だね」

いい人「いいえ、そんなことありません」

先輩「そおお？　ただの謙遜じゃあないの？」

いい人「いえいえ。ほんとに下手なんです」
先輩「そお。どこかで腕前を披露する機会ってあるの？　結婚式とかなんかで」
いい人「いいえありません、人前で演奏できる腕じゃあありませんから」
先輩「そうなの……」
素直でいい人は自分のことになればなるほど謙虚で何のひねりもない受け答えをしてしまいます。その結果、右のように否定語ばかりが並んでいきます。正直で謙虚であればあるほど、話題の誘い水を払いのけることになり、会話がだんだん閉じていってしまうのです。こういった傾向は特に男性のいい人に多いように思います。
では、いい人が雑談上手になれるコツは何でしょうか。
もう何年も前、俳優の水谷豊さんがインタビューに答えている姿をテレビで見ました。水谷さんのユーモラスな受け答えがとても印象的でした。
インタビュアー「ご自身でもお料理などなさるのですか？」
水谷さん「はい。自分でも料理をしてみたいとずっと思っていました。やろう、やろうと思いながら、いつのまにかもう五十年以上が過ぎてしまいましたね」

といった具合です。

おそらく水谷さんはどのような質問にも一旦「はい」と朗朗と肯定してしまうのでしょう。そして答えながら次に続ける理由を考えているのだと思われます。真実の答えがイエスならばそのまま話を広げることができるでしょう。ノーならば真実とのつじつま合わせをユーモアに使っているのです。さすがに一流人です。相手の質問にノーで答え続けると自然に会話が閉じていってしまうことをよく理解されています。雑談におけるメインディッシュは質問のイエスかノーがではなくそのあとに続く理由です。いい人に求められるコツの一つはノーを言わないことなのです。

そして、もう一つのコツを付け加えるならば、相手に話してもらうことです。相手が何か話しだしたら、自分の順番を飛ばしてもらうことです。「へえ、面白いですねえ」などと、言葉を挟みそのまま待てば、また相手が話しだしてくれます。下手な質問を返して場をつなごうとすると、かえって白々しくなります。

20

場を改めるときは必ず一対一で

《場面例》非行生徒に対する1

場を取る最も確実な方法は改まることです。改まることによって相手のペースをくじき、自分の誘導に引き込むことができます。この節と次節では具体的な場面を描き、場面の細部を分析しながら、場を取る方法を見ていきます。職場や地域にも当てはまることですが、最も分かりやすい例が教育の現場ですので、その例を物語の形で次に紹介します。

ある公立中学校での出来事です。若手のＨ教諭が放課後の廊下を歩いていると、ある教室で三人の男子生徒が話し込んでいました。日ごろから問題のある生徒で名前もよく知っています。三人のうちの一人、Ａは口にガムを含み携帯電話を触っています。ガラス越しにその生徒と目が一瞬合いましたが、Ａは動じる様子はありません。ガムも携帯電話も校内ではもちろん禁じられています。Ｈ教諭は見過ごせずに教室に入り注意をはじめます。

Ｈ教諭「こら、校内ではガムは禁止だろ」

生徒A「噛んでねーよ」
H教諭「そんなはずはない。今だって口に入っているはずだ」
生徒A「ねえよ。うぜえなあ」
H教諭「なんだその口のきき方は！」
そのうち他の生徒もAに加勢し始めます。代わる代わる声を上げる生徒たちに対し、H教諭は劣勢に追い込まれます。教師が負けるわけにはいきません。H教諭の声はだんだん怒号に変わっていきます。しかし、威圧は彼らに通じません。余計に無礼な態度で挑んできます。つかみ合いになりそうなところで別の教師が偶然通りかかりました。その教師が双方をなだめてなんとかその場を収めることができました。

教育の現場ではよく起こることを書いてみました。学習塾や私立の学校ならやめさせるという最後の切札があるために教師側が優位に出られるのですが、公立中学ではそうはいきません。このような問題を抱え悩んでいる、人のいい先生方も多いと思い、この事例をあげました。

この場面を考察してみましょう。この場合、場の支配者は生徒側です。多勢に無勢です。よほど威圧感のある教師でなければ複数の非行生徒を一人で一喝するのは無理があります。

このような場面に一人で対処する場合の最善の方法を説明します。

「Aくん、ちょっと用があるから私について来てくれるか」と、とにかくAだけを別の部屋に引っ張り、完全に他の生徒と引き離します。そして対面して座るよう誘導します。そこまでの言葉は最小限にします。このように改まった空間を作ります。

この状態を想像してみてください。これだけで生徒は何事かといぶかり不安な心境にいるでしょう。これが場を取った状態なのです。このような状況でおもむろに深い口調で、「なぜ、ここに呼んだか分かるか」と問いかけるだけでいいのです。

一対一で改まること、これだけでその場を完全に支配する力になるのです。

21

場を改めたあとはにこやかに対応する

《場面例》非行生徒に対する2

前節の続きです。

場を取った状態で、相手に説明を求めると不思議と向こうから歩み寄ってくる答えが返ってきます。むろん、相手により態度に硬いか軟らかいかの違いはありますが。

生徒Ａ「ガムっすか？」
Ｈ教諭「うむ。それと？」
生徒Ａ「携帯……」
Ｈ教諭「ああ。もう分かるな」

むしろ、ここまでくればガツンとやるのはかえって良くなく、終始にこやかにやれば逆にいい薬になります。

非行の芽を摘む最善の方法が場を取ることです。このように小さな非行の芽を事前にコツコツと摘み取っている教育現場は大変すばらしいものになります。しかし、小さな芽が放置され続け、一旦荒れだした教育現場は大変です。

前出の例は一人で対応しなければならない場合を書きましたが、大切なのは複数で当たることです。生徒と教師の関係に限らず一対多数で言い合いになれば一人が押し負けます。警察だって必ず複数で行動しています。一人で対処できなければ恥とする暗黙の空気がある現場だと問題を内在化させてしまいます。職員のストレスも桁違いに大きくなります。職員全員が互いに協力しあう職場ムードが大切なのです。体育館の後ろで生徒同士がもめているという報告が職員室に飛び込んだなら、体育会系の強面の先生だけが向かうのではなく、最小限必要な人数を残して全職員が現場にはせ参じるような姿勢が大事だと思います。

教育現場は生徒や先生が「問題を軽視する心理」や「問題の存在自体を軽視する心理」との戦いの場だと私は考えています。

このようなことを述べながら私は「自分は違うぞ」と、指導力をアピールしたいのではありません。私は過去の未熟な時代に同様の失敗を経験し、ひどい苦しみも味わってきました。ご要望があれば全国どこでもはせ参じお話しさせていただきます。私の成功談ではありません。私の未熟だったころの、あまりにもふがいない失敗談の数々です。教育は未来の礎です。すばらしい教育現場の創造のために、私の恥を踏み台にしていただこうと肝に銘じているのです。

教育現場で起こる事例で、場を取る場面を考えてみましたが、大人社会にも当てはまります。対大人の方が、理性が働くために、より大きな効果を発揮します。改まることで場を取るための大切な点は以下の四点です。

1、ゆっくりと穏やかでありながらエネルギーを持った声で終始話すこと
2、こちらが促し一対一の改まった場面を作ること
3、問題を客観的な言葉で語り、一切感情をぶつけないこと
4、相手が歩み寄りを見せたら、それを尊重し受容的な態度で応じること

これだけです。一つだけでも効果があります。

22

夫婦に起こりがちなすれ違いは男女の思考差が原因

《場面例》夫の地方転任についてきたN美の孤独1

男女の考え方の差を理解することはとても大切です。夫婦に起こりがちなすれ違いの多くがこの男女の思考差から起こっています。この節と次節では夫婦間に起こりがちな具体的な場面を描き、男女間の問題を解決する方法を見ていきます。

次の文はある主婦の悩みです。ともに解決法を考えてみましょう。

夫の地方転任についてきたN美は孤独でした。夫との関係にも疲れていました。夫はN美に対しいつも講釈口調でした。夫が仕事で疲れているのは分かっていますが、N美にとって夫が唯一の話し相手です。N美は少しだけでも話を聞いてほしいのです。取るに足らない出来事や些細な発見も、N美にとっては重大な話題ですが、ビールとテレビでくつろぎたい夫は、上司然とした短い言葉で片付けてしまうのが常でした。昼間行ったスーパーでN美が他の客から不当な扱いを受けた話も、大人《たいじん》ぶって諭すだけです。言い分や気持ちをもっと聞いてもらいたいN美の「でも……」を制して、夫は分別くさく結論を述べ、一方的に話を打ち切ってしまいます。N美がほしいのは夫の見識や助言ではありません。ただ聞いてほしいのです。テレビから眼を離してほしい、一言ねぎらいの言葉がほしい、話の腰をへし折らないでほしい、ただそれだけなのです。

ここも実感していただくために物語風に書いてみました。このような悩みを持たれる女性は意外に多いのではないでしょうか。男性にとってテレビをつけ、ビールの栓を抜いた状態はすべての活動のスイッチを切った状態です。女性と違い、話を聞くという作業はもう一度スイッチを入れ直さなければならないのが男性です。このような男性にとって妻の話をただ聞くという作業さえ煩わしく思えるものです。だから分別くさい結論を早々と言って話を打ち切りたがるのです。

用意する食事についてもすれ違いは起こります。ご主人が当たり前のように食べ、黙々と終えられたら、奥さんは張り合いがありません。美味しいのか今一つなのか何か言ってくれるとありがたいものです。いつもと違うものを出せばそこに至るまでは工夫や経緯があります。それなのに黙々と食べてしまう男性は多いものです。女性にとって毎日の小さな共感の連鎖こそ生きる原動力なのです。職場においてもこれに類するすれ違いはおこります。男性は放っておかれても変わりなく仕事ができます。しかし、女性は放っておかれると自然に萎れていったり、働くことに疑問を感じたりすることが多いものです。時々共感の目を向けてくれたり、短い言葉でも新しい感慨をくれたりする上司には生き生きとついていくことができます。

多くの男性は大きな達成に向けて生きていけないと萎れていきます。一方、多くの女性は小さな共感の連鎖の中で生きていけないと萎れていきます。

男性はこういった女性の思考を理解する必要があります。しかし、現実にはＮ美の夫のように、女性の心に無頓着な方が多いものです。では、夫に話を聞いてもらえるようにするためにはどのようにするのが良いと思われますか。

一番簡単な方法を述べましょう。それは右記のこの節のこの文を読んでもらうことです。実は本書はその役割も担う決意で書いているのです。

23

妻からの「場を改めて」の効果は絶大

《場面例》夫の地方転任についてきたN美の孤独2

前節の続きです。

夫に話を聞いてもらえるようにするための第二の方法はやはり改まって話をすることです。自分の気持ちを理解してもらえるように、改まった場を作ります。

しかし、相手が話し合いに参加すること自体に煩わしそうな態度を示せばその段階で話が頓挫してしまいます。

妻「あなたと話したいことがあるの。大切なことなの。だからちょっとダイニングに来てもらえない」

夫「(煩わしそう)今ここで話せばいいだろ。誰か聞いているわけじゃないんだから」

このような反応が起これぱその段階で話し合いが止まります。

また、順を追って話していっても相手が途中で反論を挟めばそこで話し合いはあらぬ方向に流れていきます。

妻「私が、毎日話を聞いてほしいのは助言や結論を求めているわけじゃあなくて……」

夫「(言いかけているところに口を挟んで) だったら話さなけりゃいいだろ」

このように一つ一つに口を挟まれたらその言葉に逐一応戦しなければならなくなります。とても結論までたどり着けるものではありません。

もうお気づきだと思われますが、この場合、場の支配者は夫です。その場に奥さんが入り込む構図になっているからうまくいかないのです。

このような場合はまず準備の準備から始めます。あなたが妻の立場です。

妻「明日三十分でいいから話し合いに時間をくれませんか。場所はあなたが帰ってきたらダイニングでどうかと思っています」

夫「なんだ、もったいぶって。今話せよ」

妻「いいえ、私にとって大事なことだから改まって話します。重要なことですから。小さな感情でもぶつけあったりしないでいい話し合いの場にしたいんです。だから、私も一つ一つ冷静に話そうと思います。あなたもイライラした態度を取らないで、落ち着いた聞き方をしてほしいと思っています」

そして、当日も相手を迎え入れ、本題に入る前に話し合い中のタブーを確認しておきます。後で意見を聞くからすべての説明が終わるまでまずは黙って聞いてほしいことも伝えます。そして肝心なのは相手とうまくいくためにはどうしたらいいかと考えてのことだということを付け加えておきます。このようにすべての布石を打ったところで話を始めるのです。穏やかで客観的な説明をします。

このように準備を進めれば完全にあなたの場となります。

話していく途中で大切なことがあります。それは相手の行動を決して責めないことです。相手の行動パターンがどのように影響しているかを、気付いてもらうのが目的です。感情的にならず生産的で前向きな言葉で説明すれば成功します。すぐに感情をぶつけて逃げる子供っぽい夫でない限り必ずうまくいきます。

24

自己否定観にのまれないために

《場面例》C介の不登校の理由1

いい人は概して自己否定観が強いものです。この節と次の二節ではいい人がどのようにして自己否定観を強めていくか、そしてどのようにしたら克服できるか、具体的な場面を通して分析していきます。もちろん大人について論じたいのですが、ここでも分かり易い例として学校社会においてありがちな光景で見ていきます。

Ａ中学では二年生全員が参加する野外宿泊研修を控え、各クラスの研修委員が集まる連絡会が開かれました。担当教師Ｂは、教壇近くに座る手近な生徒に一方的に役割を振るので有名でした。前回の連絡会でも目の前の生徒に、皆の前でプログラムを読み上げる役を命じました。それを知っているので、多くの委員の生徒と同じように、Ｃ介も早めに集合教室に来て後ろの席を確保していました。

連絡会開始間際にやんちゃなＤ雄が入って来ました。彼はＣ介と同じクラスの委員の一人です。入口に立ち、見渡しましたが、すでに教壇際の席しか空いていません。Ｃ介は嫌な奴が来たと思い、Ｄ雄に気付かれないように後方で息をひそめていました。しかしD雄はC介を見つけ、C介の席まで来て机の上にどさっと自分のカバンを載せました。そしてC介を見下ろしました。横柄な態度でした。C介はもう気付かないふりはできません。D雄は意味ありげに微笑み、C介にじゃんけんを挑むしぐさをしてきました。C介はつられてじゃんけんの手を出し、負けてしまいました。負けたC介は黙って席を明け渡し、すごすごと空いている教壇前の席に移りました。C介はこの日以降、学校に来なくなってしまいました。

C介には何が辛いのか分かりますか。自身の無力感です。C介があらかじめ確保した座席でした。当然占有権がC介にあるのですが、後から来たD雄の威圧に負けて、座席を譲ることになってしまったのです。自身を苦々しく見ているでしょう。

C介は不登校の理由を聞かれても自分ではうまく説明できないでしょう。辛いのは押し負けていく自分を見ることなのです。このような目に見えない敗北を繰り返すと自己否定観を多く抱え込みます。

大人でも同じです。いい人はつい相手に合わせてしまいがちです。自分の意思で相手に合わせるのならいいのですが、不本意ながら合わせてしまうことが自身を苦しめているのです。自己否定観や無力感を生む最大の毒は「不本意の同意」だと私は考えています。自分の意に反し相手の意に沿うように演じてしまうことこそ自分を苦しめていきます。自己否定観があるから相手に屈するのではありません。相手に屈し演じてしまうから自己否定観を生むのです。

余談ながら、大人社会では相手の意見に沿わなかったからといって暴力を恐れることはありません。しかし、子供社会では威圧の背景には必ず暴力のにおいがしています。たとえ実際に振るわれることがなくても同じです。簡単に言えば暴力を受けかねないのは子供社会の方です。子供の気持ちを侮らず、子供の方がシビアな社会にいることを大人は理解しなければいけません。

25

先に声を出した者が場を取る

《場面例》C介の不登校の理由2

前節の続きです。自己否定観を生まない方法は、内心は不同意なのに、相手の意に沿うように演じてしまわないことです。ところが、いい人はこれが難しいのです。

前節のＣ介の行動に対し、単に気が弱いからと片づける方もいるかもしれませんが、気が強いか弱いかの問題ではありません。Ｃ介自身も自分の気が弱いからだと思っているでしょう。しかし、違います。

もしあなたが天の上からＣ介を見ていてＣ介の心にだけ届くように声を掛けるとしたら、どの時点でどのような声を掛けますか。相手がじゃんけんを求めてきた時点で、「勇気を出してきっぱりと断れ」と掛ける方が多いのではありませんか。

私の考えを述べましょう。Ｃ介は明らかにＤ雄に場を取られています。Ｄ雄に気付かれないように息をひそめた場面で、Ｃ介はすでに足かせの中にわが身を置いています。病気にたとえたらこの時点で発症しているのです。肝要なことはＣ介に先に場を取ってもらうことです。私が天の声なら、Ｄ雄が近づいてくるとき先にＣ介から「やあ」と声を掛けさせます。そしてそれに続き、この場面での最大の関心事について語らせます。「D雄君、残念だったね。前の席しか空いてないよね」と明るく言ってもらいます。たったこれだけでいいのです。

自分が先に場を取ったことで、C介は心理的には非常に楽な位置におかれます。たとえその後D雄がじゃんけんを仕掛けてきても、あるいは強引に替われと言ってきたとしても容易に断ることができたでしょう。

先に声を出すだけで金縛りは解けるのです。

花粉症の人に対し花粉に過剰に反応するだけで体の弱いという見方はしません。花粉に対する反応性だけをみて健康そのものの全体を評価することはできません。その人が何に対して過剰に反応してしまうのか、人により傾向が違うだけです。

いい人病も花粉症と同じです。人間関係のある特定な状況において過剰な反応をしてしまう傾向にあるのです。気が強いか弱いかなどという人格全体を表現する言葉を当てはめるほど非生産的な行動はありません。むしろ解決への出口を塞いでしまいます。一つの症状だという認識に立ち、人格全体を表現する言葉の使用をできるだけ避けるべきなのです。大人でも子供でも同じです。気が強いか弱いか、気が大きいか小さいか、勇気があるかないかの評価を与えてはなりません。

現に、元やんちゃ君より元気弱君（ここではあえて気弱という表現を使います）の方が勇気ある人生を送っていく姿を、私は何度も見てきています。気弱に見えたお人よし君が気付き、自己変革し、大きく成長する姿は周囲を魅了します。

部下をふがいなく思う上司も、悩める生徒の登校を促すスクールカウンセラーも、失意の仲間を勇気づけたい親友も、激励のつもりで人格全体を表現する言葉を不用意に使ってしまうことが多いものです。この点に十分気をつけなければなりません。

そして、何よりもいい人自身が自分に対する評価として人格全体を表現する負の言葉を用いてはなりません。使えば自己否定観を強化するだけなのです。

26

覇気ある声は金縛り脱出の最高の武器

《場面例》C介の不登校の理由3

前々節の続きの続きです。

場を取ることの一つが凛とした挨拶であることは前の章で述べました。Ｃ介の場合も同じです。自ら声を発することで、相手に対し機先を制する効果と、自分自身の見えない殻を破る効果があります。

団体競技のスポーツ選手は練習中でもよく声を出します。プロ野球のキャンプにおいて内野手がノックを受ける時、疲労でふらつきながらも終始威勢のいい声を出し続けています。自分が発した声が自身を前向きな気持ちにさせ、自身をボールに向けて押し出しているのです。スポーツ選手や指導者はこれをよく知っています。

Ｃ介の場合も同じです。自主的に覇気ある声を出しているうちは心理的な侵略を受けにくいものです。一旦侵略を受けたあとそれを駆逐する方がはるかに困難なのです。

Ｃ介とＤ雄のやり取りの中でもう一つ注目すべき点があります。それは強者によるルールの書き換えです。

C介にしてみれば先に確保した席をとられることになったのですから、D雄から不利益を被ったことになります。

一方のD雄の立場にしてみれば、相手がじゃんけんに応じた以上、形の上では相手の同意を得ていることになります。そしてそのじゃんけんで勝って座席を譲ってもらっているわけですから、公正な手続きに則って席を得ていることになります。なんの落ち度もないわけです。

このような強者によるルールの書き換えは大人社会においても数多く存在します。隠れた自己都合がありながら大義名分を標榜してルールの変更を申し出る側、それによって不利益を被る恐れのある側、この二つに分かれます。個人間だけでなく、法人間や国家間においても存在します。

仮にルールの変更を申し出る側をＤ側、不利益を被る恐れのある側をＣ側と呼ぶことにします。多くの人が心情的にはＤ側よりＣ側の肩を持ちたいでしょう。しかし、Ｄ側に対し反感を抱くことは賢明ではありません。

むしろ、容易にＤ側を抑えることができることを自覚してください。ルールの変更を申し出るのは、むしろＤ側の方が必死で苦し紛れである場合が多いものです。特に大人社会ではほとんどの場合がそうです。Ｃ側の許諾というたった一枚のカードを狙って相手が必死に攻勢をかけてきているのです。切札のジョーカーを握っているのはむしろＣ側だと気付けば、悠然と構えていられるものです。ジョーカーを見せつけながら、うちわ代わりにして悠然と顔を煽いでいるような心境でＤ側の主張を聞いていればいいのです。

そして、Ｃ側はおもむろに凛とした声で質問をＤ側に浴びせてみてください。いくつかの質問を浴びせるうち、Ｄ側の理屈が自己崩壊するのがおちです。

コラム 2

議論に絶対負けない方法―かみ合わなければ勝ち負けもない

どうしても議論しなければならないときもあります。いい人は議論に勝つことが下手です。「おかしな理屈だ」「飛躍しているな」などと感じても、ついつい相手の勢いに負け、少しずつ押し込まれていきます。

そして、気付いた時には反論できないところに立たされていることがよくあります。弁の立つ人はよく心得たものです。

理屈は正しいか正しくないかではなく、通すか通さないかで勝敗が決まります。相手の言葉の切れ目ごとについついうなずきを入れてしまうのが、いい人の欠点です。

夫婦喧嘩がいい例です。多くのご夫婦において、ご主人が奥様には勝てないはずです。これは議論がかみ合っていないからです。

世の男性諸君、縦横無尽に言葉を継げる女性に喧嘩を売る方が土台間違いなのです。

議論に絶対負けない方法があります。それは質問攻めにしてしまうことです。何を詰め寄られても「その前に一つ聞きたいんだけど……」と質問し返します。

議論がかみ合わなければ勝ちも負けもないのです。

第3章

トラブルを収め、どんな難局も乗り越えられる

27

強者と対等に対面するための目を射抜く技術

この章では「場を取る」方法の応用として、軽重さまざまなトラブルからの脱却法について述べていきます。トラブルに巻き込まれたいい人が、のまれて不利益を被ってしまわないようにするにはどうしたらよいかを見ていきましょう。

様々な方法に先立ち、最初のこの節では相手の目を見据える方法を紹介しましょう。目を見据えることができたら、それだけで心理的に優位に立ちやすくなります。日本人は欧米人と比べ、相手の目を見続けて話すのが昔から苦手です。相手の目を見据え続けるというのは、それだけ相手に圧力を感じさせることなのです。欧米人のように習慣化されていれば苦労はいりませんが、日本人は意識していないと難しい人が多いようです。

江戸時代の話です。当時の事実上の最高権力者で、最も有名であった征夷大将軍はいったいどれくらいの人に顔を知られていたでしょうか。実は江戸城で何度も拝謁している大名でさえ、将軍の顔は知らなかったといわれています。将軍と対座し

「おもてをあげいっ！」との声で顔をあげることを許されても、将軍の目を見ることは失礼に当たりました。そこで大名は畳に手をつき、畳に視線を落としながら話すのが習いだったからです。

このように古くから日本人は相手の目を見据えることを避けてきた民族なのです。

実は簡単に相手の目を見据えることができる方法があるのです。

それは、「瞳を見る」のではなく、「瞳に映った光源を見つめる」のです。多くの場合、相手の目には蛍光灯や窓などの光源が映っています。話すときもその光源に向かって話します。位置関係によっては何の光源も映らない状況もあります。それでも近くからよく見ると何らかの影がぼんやりと映っています。その影が何の影か確かめるように覗き込みながら、その影に語りかけるようにしてください。

以前の少女マンガは登場人物の目にはいっぱい星が輝いていました。その星の一つ一つに語りかけるような具合です。

もう十年も前、私が管理する塾の教室で、ある新聞を取っていました。ある日、経費削減のために解約の電話を入れることになりました。この新聞の購読を中止すると、やくざ風の男が何度も来るとうわさに聞いていました。まさかと信用せずにいたのですが、本当に強面の巨漢が生徒たちのいるところへ押しかけてきたのです。生徒のいるところへ何度も来られてはかないません。相手が指し示して詰め寄る偽の契約書に対し、「ご覧のように、これは天ぷら契約書ですよね」そういってにこやかに相手の目をじっと見据えて対応しました。帰り際、その強面は「あんたァ、肝据わってるね」と言い残していきました。

その時、その強面はレイバンというブランドの眼鏡をかけていました。眼鏡の上の縁が瞳にうつり、ちょうど瞳の中に丸括弧の上側があるように見えていました。実は、その時の私はその瞳の中の丸括弧をしげしげと眺めていたのです。「瞳の中の０番だ」とその縁に語りかけながら。

28

食い違いが生じたら相手に沿う話し方をしてみよう

相手と意見の対立が生じた場合の調整法についてみてみましょう。

改まって一対一で対面することの重要性についてはすでに述べました。改まるという行為はあらゆる場面に有効です。しかし、意見の食い違いが生じている場合には、改まるだけではうまくいきません。相手の中に言いたいことが強くくすぶっており、放置すれば思わぬ攻撃を受けることになるかもしれないからです。

このような場合、決して反論だけを述べてはいけません。相手の言いたいことを吐き出してもらい、相手の意見に沿う言い方を心がけます。

「つまり、……という理由で、あなたはこのことを反対しているのですね」などと、相手が自然に「ハイ」と肯定的な返事となるような、水の向け方をします。

自分の言い分が対立する場合でも同様です。相手が肯定的な言葉を返せるように、「『自分の意見』しかし、『相手の意見』なのですね」の順序立てで相手の意見を確認します。これだけで相手の意見に沿う形になります。そして、相手は安心感を覚えます。

「私は○○、という考えなのですが、あなたは××、という理由で私の考えに反対していらっしゃるわけですね」という話し方です。

逆に「『相手の意見』しかし、『自分の意見』です」の順序立てで話してしまうと、相手は自分の意見が認められていないと感じます。意見を押し通そうとして、往々にして張り合ってくる話し方に陥ります。

同意していなくてもいいのです。自分の意見が逆の考えであっても必ず相手の立場に沿う話し方で自分の発言を結びます。このようにして、相手の言い分をすべて吐き出させること、これが場を取るということ、あるいは一度取った場を支配し続けるということです。

たとえば次の例を考えてみましょう。会社の同僚と新商品の生産ラインを入れ替えるか否かで話し合っているとします。

〈相手に沿わない言い方〉

「あなたはこの商品が地方ではまだまだ需要が健在だと考えているわけですね。しかし、私はこの型の流行はもう去りつつあると思っているのです。あなたの意見も分かりますが、半年後には新商品に切り替えてしまいたいのです」

〈相手に沿う言い方〉

「私はこの型の流行はもう去りつつあると思っているのです。しかし、あなたは地方での需要がまだ健在だと考えているわけですね」。

そして、次のように提案するとよいでしょう。「では、あなたの意見もくみ取ってあと六か月は現商品の生産を続けてみましょう」

同じ結論であっても、相手の心や意見に沿う言い方に必ず変えられます。

相手に沿う言い方をしても、自分の望まない結論に向かう恐れはありません。あなたが場を取って主導している限り、自分の考えを通すチャンスは決して失われていません。たとえ相手が反対意見であっても、自分の意見の方向に結論が落ち着く可能性の方が大きいのです。安心して、ゆっくりと相手の意見を聞いてあげてください。

29

双方の言い分を対立事項として扱わない言い方

自分の言い分をどうしても押し通さなければならない場面もあります。このとき一見、障害と感じるのは相手の言い分です。しかし、本当にそうでしょうか。実は相手の言葉をすべて認めても、何ら支障とならない場合の方が多いものです。

相手の言い分も認め、こちらの意見も強引に押し通す、簡単な方法があります。それは、「でも」「しかし」などの逆説の接続詞を使わずに話すことです。

次の場面を考えてみましょう（考えてみる場面が教育現場での話が多いことはお許しください。立場上このような例を考えやすいのです）。

ある中学校でやんちゃな生徒Sが、遅刻寸前で朝食のパンをかじりながら校門に駆け込みました。校門にいた生徒指導部のT教諭が呼び止めます。

T教諭「おい、ガムは禁止だ。この場で出せ」

生徒Sは口の中にパンが確かに残っており、口を動かしながら門をくぐろうとしました。しかし、ガムではありません。生徒SはT教諭の一方的な物言いに腹が立ち「うるせー！」とそのまま行き過ぎようとします。

T教諭が「行くな！」と止めようとしますが、生徒Sは振り払い行ってしまいました。そして生徒Sは遠くから振り返り、わざとT教諭に聞こえる程度の大きさの声で「死ね、Tセンコー」と言って校舎に入ってしまいました。

朝の一部始終を知った担任の女性教諭Yが放課後、生徒Sを呼び一対一で話を聞きます。Yは情熱ある教師です。生徒Sの言い分を一生懸命聞きます。

「腹が立った気持ちはよく分かったわ。でもね、先生はこう思うの……」と生徒Sの気持ちを聞いたあとで、Yは自分の考えを述べ、生徒Sの行為を諭し始めました。

このYの対応をどのように感じますか。ベターな方法ではありますがベストの対応ではないと私は考えています。Yの言葉で気になるのはたった一点、「でもね」です。私なら「君の気持ちはよく分かった。その状況では腹が立つのも無理はないと思う。そして、もう一点感じたことを言う。それは死ねという言葉を吐いた君に対する怒りだ……」と、静かに感じたことを率直に冷静に述べます。

私の経験では、類似の場面で生徒に対しても大人に対しても成功しています。

傾聴法の現在の主流は一旦相手の言葉を受け入れ、その後自分の考えを述べるＹＥＳ＋ＢＵＴが主流ですが、「ＹＥＳ＋ＡＮＤ」の文脈にしてしまうのです。「でも」「しかし」などの逆説の接続詞がついているだけで、反論に聞こえてしまうものです。慣れないうちは逆説の接続詞を使わずに話すことに違和感を覚えると思いますがそれでも構いません。日本語としておかしくても構いません。無理やりにでも「でも」「しかし」を「そして」に置き換えて話してみてください。

相手の言い分と、こちらの言い分は本来、天秤にかけるものではありません。決して対立事項でもありません。対立事項として話すから混迷するのです。どちらももっともな言い分であるなら、双方を認めた文脈で話すべきなのです。

ＢＵＴをＡＮＤに置き換えた話しぶりが板につくと、とても人格的な響きを発するようになり、周囲が一目置くはずです。

30

「でも」「しかし」がついているだけで反論に聞こえる

双方の言い分を対立的に扱わない言い方はとても大事です。そのための最善の手段が逆説の接続詞を使わないことです。「でも」「しかし」「いや」に加え「ていうかぁ」もあります。これらの言葉は直前の相手の言葉を否定する響きがあります。一旦相手の言葉を否定するか、脇に追いやっておいて自分の意見を述べることになります。明るく冗談を言い合っている時にはいいのですが、まじめな話をする時には必ず障害になります。言われた方が小さなストレスを少しずつ感じます。

ほとんどの議論の言い分は対立事項ではなく並立事項です。「でも」「しかし」「いや」「ていうかぁ」をやめて、「そして」「それと」「あとさぁ」に置き換えてみてください。それだけでトラブルは少なくなるはずです。

次の例は関西に本社を置くあるサービス業の従業員の会議です。商品の値上げの是非を論じています。

Q氏の意見にP氏が噛みつき、議論が白熱しだしました。ほとんど口論状態です。

P氏「でもな、しわ寄せの大半を消費者に回すっていう姿勢がどうかと思うで」
Q氏「けどな、いつも赤字ばっか出しとったらしゃあないやんか。こっちが立ちいかんようになったら元も子もないで」
P氏「そやかて、消費税分の値上げだってマイナス要因やで。まず、客の立場から考えなあかんで」
Q氏「そないゆうけどな、どうにもならん分は値上げでカバーするしかないやろ。倒産したらどうするんじゃ」
ここで二人のやり取りを見かねたもう一人の同僚が仲裁に入りました。話し合いに終止符を打つために、いくらの値上げまでなら妥当か、参加者全員に紙に書いてもらうことにしました。
すると、驚くべきことに値上げ反対派のP氏の意見は五％の値上げ、値上げ容認派のQ氏の意見は三％の値上げでした。よく二人の意見を比較してみると、P氏はQ氏が内部努力をせず値上げだけを考えていると思い込んで意見していたのでした。

しかしQ氏は、内部努力は当然で、それでも補えない分を値上げで補うと考えていたのです。実は二人の意見はほとんど同じで、値上げ幅についてはQ氏よりむしろP氏の方が寛大だったのです。「でもな」「そやかて」などの逆説の接続詞がついているので互いに反論に聞こえていただけなのです。すべて逆説の接続詞が作る誤解です。

このような見かけ上の行き違いは会議の場で頻繁に起こります。無駄な議論の末、議事が知らないうちに非生産的な議題に置き換えられることもしばしばです。

政治家が政争の道具とするためにあえて対立軸を作り議論を吹きかける場合もありますが、一般市民は言い分を対立的ではなく並立的に扱う言い方を修練するほうがはるかに懸命でしょう。

私の経験では「しかし」などの口癖は、意識していれば半年ほどで消えてしまいます。就職で敬語を多用しだす時期や、上京で方言を封殺する時期と重なればもっと早く改善されるはずです。

31

クレーマーの感情は「メモ取り」で鎮静化できる

ここではクレーマーに対する対応法を見ていきます。

あなたはクレーマーを相手にしたことがあるでしょうか。特にサービス業であれば多かれ少なかれ経験があるでしょう。お客様の機嫌をさらに損ねては大変です。下手な反論をすれば余計に態度を悪化させかねません。どのような非難の言葉にも耐え、ひたすら嵐が過ぎ去るのを待つしかないという場面に出くわした方もいるでしょう。いやなものですね。

詰問にはパターンが決まっているものもあります。私の造語で、「クレーマーのレール」と呼んでいるものです。最終的には自分の理屈に追い詰め、ぎゃふんと言わせるのが狙いです。

クレーマーが用意してくるのは、相手の答えを想定した詰問です。それに対する次の言い分も用意されています。そしてその答えを待っていましたとばかりに噛みつきます。クレーマーは自分の理屈に招き入れるためのレールを敷き、そしてレールに乗ってやってきたところを叩くのです。このような場合、叩かれると分かっていてもそのレールに乗らざるをえない場面もあります。

最も多いパターンは語彙の意味を問う詰問です。

「販売？　販売の意味わかっとるなら言ってみな」

「接客たぁ、どういう意味だ！　あん？」

相手が答えると、それに対するクレーマーの講釈が非難とともに炸裂します。

また、見越してこのレールに乗らない答え方をすると、クレーマーは欲求不満を感じるのか、余計に屁理屈をこね、騒ぎ始めます。

このようなクレーマーのレールに乗るのは自分にとってもクレーマー自身にとっても生産的な行為ではありません。

このようなクレーマーのレールに乗らないためのすばらしい小道具があります。

知らず知らずに場を取り返し、クレーマーを自分のペースに引き入れてしまう魔法の小道具です。何だと思われますか。

それは「メモ帳」です。

クレーマーと対峙する時は必ずメモを取ります。

「いきさつを細部まで正確に記録しなければなりませんので、メモを取らせてください」と言っておいて、メモを取りながら詳細を聞いていきます。相手が早口でまくし立てても、順を追って聞き返し細部を「……ですね。その結果、……したということですね」などと積極的に復唱しながらメモを取ります。

ほとんどのクレーマーがこのやり取りの中で勢いが腰砕けになり、場の空気は冷静な雰囲気に落ち着きます。

私が見たどのクレーム処理の本にもないようなので、ぜひ試してみてください。

32

クレーマーから場の占有権を取り返す積極的質問攻勢

いい人は詰問的な口調に対し、ついつい釈明的な物言いになってしまいます。好戦的な人との対決の基本は、先のクレーマーへの対応法のところでも書きましたが、「メモ取り」と復唱による「腰折り」です。メモ帳がなくてもその場で復唱と確認を繰り返すことで相手のペースを崩すことができます。

まず、悪い例を紹介します。

クレーマー「この店のボールペン、何もせんのにインクが漏れ出したんじゃ」
店員「はあ、そうですか」
クレーマー「はあ、じゃねえだろ。あん？」
店員「すみません」
クレーマー「スーツ、お前の店のせいで汚したんだぞ」
店員「はあ、すみません」
クレーマー「クリーニングじゃ落ちんぞ」

店員「はい、申し訳ありません」

このように「はあ」や「すみません」でひたすら謝れば、相手による場の支配が完全に続きます。嵐が過ぎ去るのをじっと待つしかなくなります。

次は、よい例です。

クレーマー「この店のボールペン、何もせんのにインクが漏れ出したんじゃ」
店員「ボールペンのインクが漏れたのですね。どのペンかお見せいただけますか」
クレーマー「持ってねえよ。手が汚れるだろ。車の中だよ」
店員「ごもっともです。今車の中にあるわけですね」
クレーマー「そうだ。スーツ、あのボールペンのせいで汚したんだぞ」
店員「ボールペンからインクが漏れてスーツが汚れたわけですね」
クレーマー「そうだ、クリーニングじゃ落ちんぞ」
店員「ボールペンが、どのように使われていたか詳しくお聞かせください」

このように積極的にはきはきと声を自分から挟むことです。重要なポイントは言葉の頭に「はあ」や「はい」や「ええ」を入れないことです。意識して文章で受け答えをしてください。これだけで場の占有権が対等になります。

相手の言葉に対し復唱と確認の念押しと質問を挟んでいきます。果敢な質問姿勢が場の占有権をさらに取り返していきます。謝罪はあとです。先に事実関係の確認を行います。この商品をいつどの棚で買い、インク漏れが起きるまでどこにありどのように保管されたか、どのように使ったか、どのような状況でスーツを汚したか正確に事実関係を確認します。

クレーマー「車に置いといて、飯食ってから現場に行ったんだ」

店員「車のどこにおいていらっしゃいましたか」

クレーマー「ハンドルの前だよ」

店員「この時間晴れていませんでしたか。しかも今日は暑いですよね」

どうやら原因はペンを置いた場所の温度と推定でき、突破口が見えました。

33

クレーマーをモンスター化させない聞き方

前の二つの節でクレーム処理の基本を書きました。さらに大変なのは理不尽な要求をしてくるモンスターと呼ばれる人たちに対峙する時です。「いい人」にとって最も苦手なタイプではないでしょうか。

モンスターと呼ばれる人たちの要求に対しては毅然と断るしかありません。

ここではモンスターにさせない方法についてみてみましょう。モンスターの半数は、対応を正しくすればモンスター化しないで済むであろうと私は考えています。社会には大人になっても、バランスを失くした思考を行う方がいるのは事実です。しかし、モンスター化してしまう最大の原因は別にあります。言い分を聞いてもらえないからです。

普通の人でも、世間知らずで場違いな要求を知らず知らずにしてしまうことがあります。

私の知り合いは車庫証明の件で警察に問い合わせの電話をしました。警察署の電話番号は一律110番だと誤解していた彼は、電話した結果、電話口で怒られたそうです。

かく言う私も若いころ、河川の管理に関するある件で市役所にクレームを入れてしまいました。電話に出られた方に「建設省の工事事務所の管轄ですからそちらにお願いします」と実に紳士的に返され、大変恥ずかしい思いをした経験があります。

世間知らずなため、場違いな要求をしてしまっても、紳士的な態度で自分の誤りを気付かされたら、それで収束するものです。ところが、無下に相手の言葉を退けるから、相手をモンスターに変身させてしまうのです。相手は自分の言葉を否定されたことで、自分が軽く見られたと感じます。要求の是非も考えずに、一方的で最終通告的な物言いで応戦しようとするのです。

私は決してモンスターの味方をするわけではありません。モンスターに頭を痛めている方に同情をこめて分析を述べているのです。

相手の言い分を聞くことがそのまま理不尽な要求をのまされることになるわけではありません。どのような場合でもまずは相手の言い分をすべて言っていただく姿勢が肝要なのです。

その上で相手の話を聞きながら整理していきます。ただうなずくのではなく、「……ということですね」「……ということを要求していらっしゃるのですね」と積極的に復唱し、整理しながら聞きます。

これによって訴えの場であった会話が聞き取りの場に変わっていきます。能動的に聞き取りをしていくことが場を取り戻すことになるのです。

とてものめない要求であると、断る言葉に「当然」や「常識」や「論外」の響きがあると、相手は強硬な姿勢に出たくなるのです。

理不尽な要求を断るには、事実関係を整理し、丁寧に理由を述べ、相手のプライドを傷つけないよう断ればうまくいきます。

34

怒りに火をつけぬために注意しておくこと

今度は明らかに自分の方に非がある場合です。

仲の良かったはずの人間関係が破綻するのは、トラブル自体よりもその後のフォローの悪さにあることが多いものです。

謝れば許してもらえる程度の小さな失言があなたにあったとします。ところが謝罪しても許してくれなかったとします。この場合、考えられる理由があります。

第一に、許しを性急に求めすぎる場合。謝罪の言葉を言ってもその場ですぐ許してくれない場合です。人は一旦感情を表に出してしまったら、すぐに表情を変えられるものではありません。冷却期間を置かないと元の顔に収まりません。

第二に、相手の負の感情を指摘した場合です。「あなたがむくれてたから驚いたわ。一言多かったたね。ごめんなさい」などといった場合です。人は誰でも負の感情を指摘されれば意固地になります。心の小ささを指摘されたように感じるからです。

第三に、自分の非だけを全面的に認めた言動になっていない場合です。「あなたが……したから、つい言っちゃったんだ。ゴメン」＝これは原因の何割かは相手だと言っています。「そんなことで怒ると思ってなかったから、ゴメン」＝これは些細なことなのに怒られて心外だという相手への暗黙の非難が含まれています。「悪かったよ。もういい加減許してよ。謝るから」＝これはいつまでも機嫌を直さない相手への暗黙の非難が含まれています。

相手の感情を傷つけてしまった場合は、自分の非だけを認め、誠意をもって謝り、なおかつ相手に普段の顔に戻るまでの時間を与えてあげる必要があるのです。

それでも許してくれない場合を、次に考えてみます。あくまで他に何の非もない場合です。いつまでたっても相手が許してくれず冷たい態度を取り続ける場合、第一章の第三節で述べた妻の場合と同じです。このような場合は、双方を縛るための蜘蛛の巣が張られた状態です。「不機嫌、じらし、はぐらかし、つきはなし、かわし、何かありそう」というサインを餌にして相手が食いつくのをじっと待っています。獲物を捕縛するために自分自身が蜘蛛の巣に捕らわれた状態なのです。

相手がこのような状況にいる時、してあげるベストの方法は蜘蛛の巣を上手に取ってあげることです。そのための最善の方法は、あなたが用意した場で、外に向かう新しい感慨を共有することです。

最も簡単な方法は小さな冒険に連れ出すことです。


例をあげます。あるOLが、仲の良かった同僚との関係修復を図りたいと考えているとします。そこで、理由を言わずに相手を倉庫に連れ出します。「来年の促販グッズ、可愛いキャラクターって聞いていたから、あなたと先にこっそりと見てみたかったの」と段ボールをこっそり開け一つ出してみます。「ワー。ほんとに可愛い！」

ほんとに可愛いければ彼女の蜘蛛の巣はもう融解しています。彼女はあなたの場の中にいます。

35

好戦的な「ハレモノ様」への対処法

どこの職場や学校にも困った人はいるものです。小さなことを大上段に反論したり、冷静な話し合いの場でも「……を導入するくらいなら、もうこの職場についていけません」などと言ってのけ、周囲を凍りつかせてしまうタイプです。このようなタイプは極端に断定的な物言いで、話し合い自体を阻害することが往々にしてあります。仮にこのようなタイプを「ハレモノ様」と呼ぶことにします。ここではハレモノ様への対処法を紹介しましょう。

ハレモノ様は、実は会議好きです。自分の言葉で話し合いが頓挫したり、極端な意見でみんながドン引きしたりする場面を無意識に好んでいます。ハレモノ様に対しては相手にすると面倒なので、皆が避けて通ります。触れると痛い存在なのです。ハレモノ様は基本、孤独です。軽んじられることを最も恐れています。本人は気付いていないのですが、周囲の注目が欲しいのです。これも一種の場を取る行為をしているのです。ですから上から目線の物言いが多く、最終通達的な物言いを好みます。極端な言動で場を取り、相手が引くのを見て自尊心を満たしているのです。

他人の好きなものをこき下ろすことも好きです。どこかのケーキバイキングが美味しかった話を周囲がしていれば、必ずそこに口を挟み、その店かまたはケーキ自体を否定的に言いたくなります。

こういったハレモノ様に対し、ハレモノ様の発言を正す強いリーダーがいれば問題は大きくなりません。しかし、いなければその組織は停滞を招きます。

このようなハレモノ様を一番苦手にするのが「いい人」です。元来の迎合性でハレモノ様につい道を譲ってしまいます。しかし、避ければ避けるほどハレモノ様は相手の反応を求めて発言してきます。

ハレモノ様を遠巻きにするのはよくありません。無視しないでその言葉を拾ってあげながら、自分の意見を並列的に並べます。

ハレモノ「あの店のモンブラン、やたら酸っぱくて食えたもんじゃないぜ」

あなた「ハレさんはあそこのモンブランが苦手なんですね。私も苦手なやつあります。だから、あの店、最高だな」

無理やり逆説接続詞「でも」「しかし」は避けて使います。以前の節でも述べましたが、慣れるまでは文脈的に少しぐらい変でも構いません。「ＢＵＴ」ではなく必ず「ＡＮＤ」です。相手の意見に添えて高らかに自分の意見を重ねてしまいます。それが場を取るということです。

あなた「職場についていけないと思うくらい、〇〇の導入に抵抗を感じるんですね。私も不安です。だから、余計に私は絶対導入で効果が上がると期待してます」

これを言ってのけるだけで、凍りついた空気が氷解します。

しかし、ハレモノ様はいつか一対一で話し合う必要があります。ハレモノ様の言い方がいかにみんなを不快にさせるか、一か八かフィードバックしながら。

ハレモノはハレモノでなくなるか、組織を抜けるかどちらかを選択してもらわないと組織を内部から荒廃させます。上司の責任です。

36

カンに障る人の毒を抜く方法

人が不快に思うことを遠慮なく指摘する人もいます。いわゆる「カンに障ることを言う人」です。カンに障る人の毒の抜き方を見ていきましょう。

こういった人がよく使いがちな表現があります。「思っていても言うか言わないかだけの差」です。カンに障ることを言う人も言わない人も大して差がないと考えているわけです。しかし、言うか言わないかは天と地ほど差があります。こういった人の理屈には論旨のすり替えが頻繁に起こります。

◇例一

「あいつ悔しそうだったぞ。おまえ、あれ、言い過ぎじゃないか」

「俺は思ったこと、言うよ。言えないやつは情けないぜ」

◇例二

「実は俺、女房への誕生プレゼントを欠かしたことないんだ」

「おまえ、軟弱だなあ。俺は女房の機嫌なんか取らんぞ」

このように、相手の気持ちをおもんぱかるか否かを、軟弱者か硬骨漢かにすり替えてしまいます。非を指摘されると、軟弱者か硬骨漢かの違いを論じ、熱弁をふるい出します。これらは自己防衛であり、自分の威を懸命に示しておく必要があるのです。

これらの言動はすべて自分の威を示しておく、言葉による伏線です。自分の威力の範囲を一生懸命示し、自分が優位に立とうとしています。

ライオンには自分の示威の及ぶ区域であることを示すために、縄張りに尿をつけて回るマーキングという行為があります。先に挙げた言動も、自分の威力の範囲をせっせと示す行為です。そこでこれらの示威言動を「対人マーキング」とかそのまま「マーキング」と私は呼んでいます。

人のマーキングにはいろいろな形があります。

威圧的な服装を極端に好む人がいます。高校生ならいかにも不良っぽい服です。規則に従わないぞ、おれを甘く見ると痛い目に遭うぞ、と体で訴えています。これらの服装もマーキングです。

先の節で挙げたハレモノ様も同じです。ハレモノ様の上から目線の物言いや、極端な言動もマーキングです。

自分のことを包み隠さず話すこと（自己開示）ができる人はマーキングをすることが少ないのですが、そんなことまで話していいのかと相手が引くような内容まで自己開示してみせるのは、マーキングです。

マーキングを改めさせる方法は対決ではありません。マーキングは根本が自己防衛への伏線ですから、感情が高じれば、暗に立場が強いか弱いかの意味を含んだ理屈に飛躍してしまいます。

マーキングを改めさせる方法はきわめて冷静な助言です。落ち着いた機会に、安心させながら、一対一で話し合う必要があります。自己防衛的であるがために逆に弱そうに見えていることを、仲間意識を持って助言します。

マーキングは虚勢ですから、弱いという評価が最もこたえるのです。

37

トラブルの後ほど相手を遠ざけない

▽日常の早期回復を

トラブルのあった相手とは誰でも接触を避けたくなります。感情を出して意見を戦わせてしまった相手と次に顔を合わせる時、どんな顔で会えばよいか、相手がどう出るかとても気になるでしょう。たとえば、クレームを言ってきた取引先の担当者にはその後別件があってもついつい電話をかけにくくなってしまいます。

非のあった方とそれに対して非難をした方とで、次に相手と顔を合わせることが神経質になるのはどちらだと思いますか。非のあった方が、後ろめたさから、会い辛いのは当然です。しかし、非難をした方も気がかりで落ち着かないものです。本当に自分が正しかったのか、非難をしたことで逆に相手が悪感情を抱いてはいないか、過剰反応ではなかったか、心に様々なさざなみが立ちます。そして、そのさざなみを打ち消し、自分の正当性を納得させるために新たな理由づけや言い分を探しだします。

「旦那にあんなこと言ってしまったけど、ちょっと言い過ぎたかしら。今頃、怒っているかなあ。でも、一年前の結婚記念日の食事の予約だって忘れていたのだから。

これが初めてじゃないのだし……。それにそういえば、いつだったかなあ、二年くらい前だったなあ、朝の味噌汁の具を見て『これ、雑煮かあ？』だなんて、本当にむかついたんだから。いいのよ、いいの。今日のはちょうどいい薬！」

すなわち、トラブルのあと相手と遠ざかったままの時間が過ぎると、言い分は変容するのです。トラブルのあと相手を遠ざけるのは決して望ましいことではありません。前記のような夫婦のたわいない行き違い程度のことなら良いのですが、社会生活におけることなら取引上の信用にかかわります。トラブルのあと一度でも別件の通常のやり取りがあれば、双方が安心した状態に戻れます。

自分の後ろめたさを打ち消すために相手のアラを探す心理は多かれ少なかれ誰にでもあります。その結果、相手に言いたいことは時間の経過とともに姿を変えていきます。トラブルの後始末の終点は非のあった方が謝罪したところではありません。その後、通常のやり取りが前と同様に交わされた時点が本当の終点なのです。トラブルの後こそ相手を遠ざけない方が賢明なのです。

個人同士の付き合いならなおのことです。ひとたび機嫌を損ねた姿を表に出してしまうと、自分から元の顔に戻るのはなかなか難しいものです。

たとえばあなたが相手と小さないさかいを起こして別れたとします。心ではすでに許していても、相手の出方が気になり、次に会う時の顔はとりあえず難しい顔から入る、などということはいい年の大人であってもあることです。人の態度は呼応するものです。和解を望んでいた相手があなたのむくれた顔をみて、態度を硬化させてしまうかもしれません。

米ソ冷戦時代、人類を何十回も滅亡させられる量の核弾頭が作られました。冷戦脱却を相手の出方に依存するほど愚かなことはないと、世界の歴史が教えてくれています。

38

二人の場面でも議長的にふるまうことで感情的な対立を鎮静化

前の章で相手に沿う話し方が大事だということを述べました。そして議論の際、主張する項目の一つ一つが実は対立事項ではなく並立事項である場合が多く、「ＢＵＴ」より「ＡＮＤ」で述べられることも述べました。

この節ではその上級者編として、本当に意見が対立する場合に生じる、感情的な対立を鎮静化させる場面についてみていきます。

二人の話し合いにおいて、双方の言い分が激突し、互いに一歩も譲れない状況に置かれた場合を想定してみます。無策のまま議論が進めば必ずいい人が追い込まれます。より多弁で強硬な態度を取る方が勝ってしまうでしょう。

では、どうすればよいのでしょうか。今、事業所の運営方針について二人の意見が対立しているという前提で考えてみましょう。

議論が紛糾した場合、しなければいけない大切なことがあります。議論をいったん中断することです。そして議論の主張の個々の中身を整理する役割を買って出ます。「一旦、双方の主張を整理してみましょう」と言って、白熱してしまった討議のクールダウンを図ります。

いうなれば、二人の話し合いであっても少しでも議長的な役割を担うことです。議長的な発言をするだけで、その場を一旦取ってしまうことになります。これだけでも十分以後の展開が楽になります。その後、双方の主張を丁寧に確認していきます。必ず自分の言い分も、相手の言い分も理由とともに述べていってください。

「まず私の意見からですが、新しい客層獲得のために、新商品の導入が必要だと考えています。それに対しあなたは新商品導入でさらに忙しくなり従来の仕事が雑になることをおそれ、反対しているわけですね。あなたの立場ならごもっともですね」などと、整理しながら相手の心情をもくみ取った言い方をし、丁寧に整理します。主張内容をすべて出し尽くします。

この段階での相手の反応次第で対応は二手に分かれます。この問題整理の段階で協力的であるかどうかです。

協力的である場合、相手は理性的な人物です。まず、二人に共通する方向性を確認します。この場合、近視眼的視点から一旦外に出て、大きな視野に立って二人の立ち位置を確認します。「我々は多少の意見の違いがあっても基本的にはこの事業所の発展を願って意見を述べていますよね」と、同志であることを確認します。そして次に、解決に向けた提案をします。

「互いの意見を見ると、私の場合は新しい客層獲得ができるなら、新商品以外のテコ入れでも構わないわけです。逆に、あなたはさらに忙しくなるようなことがなければ新商品を導入しても構わないわけですね。ならば、どちらも満足できる方法が必ずあるはずです。一緒にそれを探しましょう」

ここで大事なのは、二人の議論から一歩外に出たところから見るという態度です。もう一方、問題整理の段階でも協力的ではなく、言葉をさえぎり、さらなる主張をしてくる相手の場合です。この相手は聞く耳を持ちません。上手に議論を打ち切ることを考えた方が無難です。「店長に預けましょう」「第三者の意見を聞きましょう」などと議論を回避してください。

コラム3

一人暮らしにおけるペットの存在

若者の中には、進学や就職を機に一人暮らしを始める人も多くいます。一人暮らしには社会から脱落してしまうきっかけとなりかねない人生の落とし穴がいくつかあります。一人暮らしの寂しさを埋めようとして、つい落ちてしまう落とし穴です。このような落とし穴については、あらかじめ生徒に周知しておく必要があると考え、私は授業の合間の余談で積極的に話すようにしています。

ネット依存、カルト教団などに対する注意については多くの方が述べられていますので、ここではあまり知られていない「ペット」についてお話します。特にいい人ほど陥りやすいものです。

最近はペット可の物件も増えました。一人暮らしの寂しさから猫や子犬などのペットを飼いたがる人もいますが、これが危険なのです。

ペット自体が決して悪いわけではありません。生きていてくれるうちは、ペットは生活に潤いを与えてくれる大切な家族です。しかし、ペットは必ず死を迎えます。大人数の家族の中で飼うペットなら人間と動物のけじめがついているのでいいのですが、一人暮らしではけじめがつきません。自然に母性本能、父性本能のスイッチが入ってしまいます。わが子と同等の愛情を注ぎ始めてしまいます。本当のわが子なら自分が生存する間は生きていてくれるので問題ないのですが、ペットは必ず飼い主より先に死を迎えます。

その時の悲嘆は想像を超えるものがあります。いい人ほど自責の念に駆られます。「……してあげられなかった」などと出口のない自省を繰り返します。

しかも、ペットに対する情の深さは、周囲にはなかなか理解されません。「ペットが病気だといって何回も休みを取り、挙句の果てに死んだぐらいで一週間も会社を休んだそうだ」などと、職場での信頼を失いかねないのです。

ペットを飼うこと自体が悪いとは決して言いません。しかし、あまりにも耐えがたい苦しみが待ち受けている可能性があることを理解しないまま、安易にペットを飼うことはお勧めできません。

大きな痛手と社会の無理解を受け入れることができないなら、たとえ寂しくても将来一人暮らしでペットを飼うことは避けた方がいいと私は考えています。

第4章

「いい人」のための場を取る恋愛戦略

39

恋愛における「場」がもたらす効果

この章では男女の恋愛について述べていきます。筆者は恋愛について語る柄ではありません。まして本書は恋愛指南書でもありません。しかし恋愛は、本書の趣旨からは外すことのできない大きなテーマです。異性への希求は成長への最も大きな動機付けとなると私は信じています。異性は自分を映す鏡です。意中の人の心をどうしたらつかみ取ることができるかということに対する答えは、そのまま成長への基盤となります。

成長段階にあるいい人は恋愛下手です。相手に遠慮をしすぎます。そこで、まずこの節と次節において成功確率の高い、場を取る告白の仕方を紹介します。

あなたは思いを寄せていた相手に告白したことがありますか。ある人もない人もどのような形で伝えるのが良いと思いますか。機を見てさらりと言葉で伝える、好きサインを送り続ける、向き合って重々しく伝える等、いかがですか。

筆者は参考までにいくつかの恋愛指南書を読んでみました。概ね傾向は似ていました。「相手の心に重くのしかかりすぎないよう、サラリと明るく「告ル」のがキホン！」ということらしいです。本当にそうでしょうか。

こんな場面を見てみましょう。大学生のＧ君は同じサークルで美人のＭさんに思いを寄せています。ある日、Ｇ君はＭさんに思いを伝えることにしました。サークル内の取り止めのない話をしたあと思い切って切り出しました。

Ｇ君「実はね、そのおー、言い辛いんだけどさあ。俺、Ｍさんって前々から素敵だなーって、思っててさ」

Ｍさん「えー、やだあ、どこがあ？」

Ｇ君「俺、Ｍさんのこと、気に入ってるっていうか、好きなんだ」

Ｍさん「えー、うっそお。冗談でしょ」

Ｇ君「唐突でゴメン」

Ｍさん「びっくりしたなあ」

Ｇ君「びっくりさせてゴメン」

Ｍさん「突然なによ、Ｇ君らしくない」

この会話の裏にある心理を分析してみてください。この会話の文脈ではもともとの場の雰囲気に即した立ち位置にいるのがMさんです。そして、場違いなことを言っているのはG君という構図になっています。

Mさんの言葉に注意してみてください。Mさんも内心では動揺しているでしょう。しかし、動揺で恰好がつかなくなるのを恐れ、必死で元の立ち位置に戻ろうとしています。相手への好悪からではなく、その場面自体から逃げ腰なのです。

G君の言葉も注意して見てみましょう。釈明的で言い訳的です。まるでいけないことを言っているようです。これが、場に起こる力です。

心の動揺を巻き起こす非日常的な場面に変わろうとすると、心理的な反作用がおこります。無意識に日常的な元の場面に戻ろうとします。日常性が壊されると多くの人が体面を保てなくなり混乱してしまうからです。

愛の告白とは、そのくらい相手の日常性を壊してしまう行為なのです。

40

真剣に向き合う態度が異性の心を動かす

前節の続きです。

まず、男性の側に立って述べます。

告白の際、前節のＧ君のような仕方をする若者が多いのではないでしょうか。それで恋愛が実る場合もあるでしょう。

しかし、もともと男女交際は相手の日常の中に入り込むという行為です。もっと強く相手の心に自分を刻みこんでもらわなければなりません。最も効果的なのは自分も相手も逃げ場のない強い言い方をすることです。どのようにも取り繕えず、そのあとの言動に困るほど強い言葉で言ってあげてください。強い言葉といっても大きな声を出すわけではありません。相手を正視し、相手の心臓を射抜くような気持ちで心をこめて言うのです。「本当に、君が好きだ」と。

どのようにもその場を取り繕うことができないほど真剣な態度に出会うとその場の始末を相手に委ねるしかなくなります。完全に場を取ってしまうのです。

このような真剣な告白を受けたら、女性は相手に対する抗しがたさを感じます。断るためには非常なエネルギーを要します。たとえ、断らなければならない場合でも断りの言葉を探しながら感極まって女性の方が涙を流したりするものです。それほど強く真剣な告白は相手の心を大きく揺さぶります。

また、時間が経った後で思い返すときも、独特の感覚で思い出されます。なんだか時間が止まっていたような、そこだけ空間から切り取られたような場面として、思い起こされるはずです。一生忘れられることはありません。

女性は優しさとともに「強さ」を男性に望んでいます。堰《せき》を越えて遡上する若鮎のように、心理的な壁を乗り越えてきてくれることを男性に望んでいるのです。恥をかくことを恐れない人ほどすばらしい恋愛をします。

デートもそうです。デートは男女で行く遊びの外出ではありません。楽しい思い出が増えれば自然に情が深まるようなものではありません。デートは愛情のプレゼンの場です。毎回相手の心に一つ一つ楔《くさび》を打っていく場です。相手の意思を確認する必要なんかありません。本気で嫌なら振り払えるほどの強引さ、それが女性に向ける優しさの基本です。毅然と愛情を表現してあげてください。

男性の立場に立って述べてきましたが、程度の差はあれ、女性の立場に立ってみても同じです。強い言葉を持った人のいい女性は恋愛巧者です。男性の言葉を引き出そうとする女性が多い中で、稀有の恋愛ハンターになります。

いい人はともするとと相手に支配される恋愛に陥りがちです。しかし、強い言葉を得たいい人は男女とも恋愛上手に生まれ変わります。元来、優しい性格ですから相手のことをおもんぱかることも自然にできます。いい人であることは恋愛において何よりもアドバンテージなのです。

恋愛は基本的には相手の日常性を変えてしまうという行為です。自他の日常を変えるほどのエネルギーを向けなければ、思い通りの恋愛は成熟しがたいものです。起こり得るのは成り行き恋愛だけです。

41

なんだか
とても気になりだす
言葉による仕掛け

これから述べるのは気になる異性の心を徐々に引きつけていく言葉です。相手の存在がいつの間にか気になって仕方がなくなる罠のような強力な言葉です。それは慣用的には使われない、ねじれた修飾関係を持った言葉です。

あなたが男性であるとします。ある女性から「あなたの肩って、静かさがありますよね」と何気なく微笑まれたらどのように感じますか。言われた人は男らしいという意味で言われているかもしれないと思うでしょう。真意はつかめなくてもなんとなくうれしく思うでしょう。

あなたが女性であるとします。ある男性から「いつも思っているけど、あなたは奥の深い瞳をしてますね」と覗き込まれたらどのように感じますか。どういう意味だろ、と気になりませんか。

「静寂のある肩」と「奥深い瞳」、これらは相手の心をからめとるディスィミレイションワードです。普通にほめられるよりははるかに相手の耳に残ります。後で、あれはどういう意味だったのだろうと自然に思い出されてしまいます。言われた方は特に一人になったときこの言葉が必ず思い出されるはずです。言われた部分を一人鏡で見てみたくなるでしょう。声のリピートとともに。そして間違いなく、この日から相手のことが気になりだします。

ディスィミレイションワードとは心理学用語ではありません。もともと小説、詩歌、歌詞などで使われる確立された文学的手法で、文学論的には「異化された言葉」といいます。これを、本書を通じて広めようとディスィミレイションワード（ｄｉｓｓｍｉｌａｔｉｏｎ　ｗｏｒｄ）と、私が横文字で言い換えたものです。

ディスィミレイションワードも場を取る技術の一つです。この言葉の重要な点は、聞き慣れた、当たり前の表現をしないことです。いい意味で使われることが多い形容詞を用い、普段使わないところに付けます。

「毅然としたもみあげですね」「強い微笑みですね」等。その気になればいくらでも表現を作ることができます。あらかじめ表現を考えておき、言うチャンスができたらサラリと言えばいいのです。

あらかじめよく考えたものを必ず用いてください。その場の思いつきで言うとまるで陳腐な表現が生まれたりします。

「重みのある頬をしていらっしゃいますね」

「どうせ私はおたふく顔ですよ！」

とビンタをもらい、逆にあなたがおたふく顔になる可能性もあります。

相手を直接ほめたのであれば、ほめた内容の限りでしかありません。しかし、ディスィミレイションワードは相手が勝手にその意味を探し拡大解釈してくれます。しかも、好意を直接相手に伝えたわけではありませんから罪はありません。

恋愛の奥義としての価値が高いのでここに記しましたが、ディスィミレイションワードはいろいろな場面で使えます。職場で相手への信頼を伝える場合などとても有効です。

「君のレポートはいつもダシがきいてるね」……。ほめ方は何通りもあるものです。

42

あとで自動発火する謎を持った言葉にする

ディスィミレイションワードの使い方でもう一つ大きな注意点があります。具体的な意味を聞かれても、必ずはぐらかすことです。具体的な意味が分からないので特別な羽の生えた言葉として脳裏で飛び回るのです。謎が謎であるからうわさが独り歩きするようなものです。ネタを明かしてしまったら言葉は地に落ちます。

「奥深い瞳って言っていましたよね。あれってどういう意味ですか」

「心が瞳に表れているということです」

「どういうこと？」

「それはですね……、またゆっくりお話しします。悪い意味じゃありません。とてもいい意味です。ご安心ください」

このように煙に巻けばよいのです。もしネタを明かさなければならないとしたら恋が成熟したあとです。これもその場に応じた勝手な解釈を与えてあげてください。

「あれはね、単に君が素敵だという意味」

例では男性が女性の心をからめとる場合について書きましたが、女性が男性に使えばもっと効果的です。男性は元来単純でうぬぼれの強い生き物です。一人になったあと、鏡の前で妄想たくましく、顎をさすりながら勝手ににやけるはずです。難なく罠に引っかかってしまいます。ぜひ試してみてください。

言葉は磁場を持ちます。組合せにより化学反応を起こします。

先に紹介したディスィミレイションワードは、「形容する語句＋相手の部分」の形を紹介しましたが、本来はもっと様々なタイプがあります。基本は使われない組合せのものです。慣用的には使われないねじれを持った使い方です。

多くが共感覚的な使い方をしますが、慣用的に定着したものは効果がありません。「明るい声」は響きがありませんが、「輝きのある声」は有効です。長いものもだめでキザに聞こえたり、とんちんかんな響きになったりします。「真綿のように柔らかな味のある声だね」などと男性に言われたら、女性はドン引きしてしまうでしょう。

陳腐に聞こえたり、キザに聞こえたりしないよう、悪い意味にとられたりすることのないように、あらかじめ十分考えて用意しておいてください。

実は流行語の多くもディスィミレイションワードから生まれているのです。「キモ可愛い」「いい意味で……だ（……にはどちらかといえばよくない響きを持った表現）」など。これらは初めて聞いた時はとても新鮮に響き、磁場を放ちます。しかし、慣用的に広く使われだすと言葉の活性を失い、響きを失います。

即興であだ名をつけることが上手なあるお笑い芸人がいます。彼の芸はあだ名自体が的を射ているというより、あだ名自体がディスィミレイションワードになっていることが多いので響きがあるのです。

ディスィミレイションワードは自動発火装置です。あとで相手が一人になった時、自然に思い出され自動発火します。相手の生活空間に侵入してしまうのです。言葉にはそれ自体に場を取る大きな力があるのです。

43

相手が気になりだす付箋マジック

もう一つ、気になる異性の心を徐々に引きつけていく方法を紹介します。

職場など公の場所では表だって相手にアプローチすることがはばかられます。他者の目があるので、逆に相手に迷惑をかけてしまいかねません。そこで活躍するととても頼りになる小道具があります。何だと思いますか。

付箋なのです。

怪しまれないためにも、日ごろから付箋魔になっておくとより都合がいいです。上司に資料を借りたら返すときに「とても参考になりました」と付箋をつけて返すようにします。「これお願い」など書類などのやり取りの際は、男女上下問わず一言付箋をつける習慣にしておきます。そして、特に意中の相手にはその状況に応じた一言を送ります。相手がミスで落ち込んでいそうなときは「気にしないで」。相手が上司に重要な仕事を言い渡されたら「君ならできる！　信じてる」。時には何もなくても「いつも笑顔をありがとう」。

喜ばれていれば必ず付箋を返してくれます。「ありがとう。元気出ました」などと効果も分かり易いのです。

この方法が使えるのは付箋を用いる習慣のあるオフィスや学校という限定つきですが、メール以上に効果があります。同じ空間にいて他に気付かれないようサインプレーをしていることになります。そして、二人だけで心を通わせているのです。

この付箋のやり取りで少しずつでも気持ちが近づいてきたら、第二弾があります。付箋をちょっとだけ大きめにしてください。そして、相手に対してオンリーワンのニュアンスを含んでいきます。「この件だけはあなたの意見が聞きたかった」、「この件の選択は君に任せたかった」などです。

ここで大事なのは恋愛感情を前面に出さないことです。たとえ相手も少なからず好意を抱いていてくれたとしても、公の場でのやり取りです。相手が困惑するかもしれません。あくまで能力上の理由で相手を評価していることを伝えるのです。レイアウトがうまい、文書入力が早い、取引先に気に入られている、気が利く等、どんな理由でも構いません。そこがサークルなら活動上での理由から、職場なら職務上の理由から相手がオンリーワンである文脈に立つことです。すると二人の間に暗黙の配役が生まれます。

恋愛に限りません。この件はいつもAさん、この件のスペシャリストはBさんなどの暗黙の配役は人間関係を強固なものにします。暗黙の配役はその役を演じているときは当たり前のように受け止めているのですが、相手がいなくなり、演じることができなくなると喪失感を抱きます。

付箋の話に戻します。この付箋のやり取りは恋愛目的以外でもとても効果的です。上司が部下の一人を表だって元気づけるのがはばかられる場合もあります。そのような場合は部下の席に行き、付箋を机に貼りながら「これ頼むよ」とポンと一つ肩を叩けばいいのです。部下が何事かと、付箋の文字に目を落としてくれるでしょう。「俺も新人の時やった失敗さ。今晩一杯付き合え」

44

言葉の贈り物は受け取ってもらってこそ効果がある

第三節でディスィミレイションワードについて述べましたが、今度は具体的に相手をほめる場合についてです。

相手を落とそうと思ったらほめ言葉は欠かせません。しかし、いきなり容姿をほめるのはお勧めできません。はじめは能力、姿勢、態度、性格を具体的な形で述べてあげるのが良いでしょう。

多くの日本人がほめられれば謙遜から相手の言葉を否定します。押し問答はほとんどの場合、人間関係にいい影響を及ぼしません。一歩引くのが賢明ですが、ほめ言葉に限っては当てはまりません。多くの場合、小さな押し問答の末、曖昧な形で幕を引いてしまうことがほとんどです。

L雄「君は細やかな気遣いの上手い人だね。おかげで腰を痛めず荷物を運べたよ」
W美「いいえ、たまたま階段で居合わせただけです」
L雄「たまたまでも、誰もが手を貸すとは限らないよ」
W美「いえ、もとはがさつな人間ですから、ではお先に」

L雄「……お疲れ様」

このように相手を否定する言葉で終わっていたら、会話の形式上、W美ががさつな人間であることを認めた形になっています。与えたプレゼント（ほめ言葉）を形の上では相手に受け取ってもらえていません。そのままで終わっていては本当に心からほめた言葉として相手に残りません。いい人は押しが弱く、このような言葉の贈り物を割り引いてしか受け取ってもらっていないことが多いのです。

相手の謙虚さから出た反論は、必ず論破してください。相手がしぶしぶでも、半信半疑でも構いません。相手をほめているのですから遠慮することはありません。相手が言葉を受けとった形で会話が閉じられることが肝心です。どんな些細なほめ言葉でも最後は相手に認めさせた形で終わると人間関係が大きく変わります。

W美「いえ、もとはがさつな人間ですから……」

L雄「そんなことないよ。自然に手が出ているじゃないか、根が優しい証拠だよ」

W美「いいえ」
L雄「自分が周りからどう見えているか分かっていないだけだよ」
W美「そうかしら」
L雄「ああ、そうさ」

このように、自分と周りの認識の違いということにすれば反論のしようがなくなります。相手からどう見えているかは相手の中に起こることですから否定しようがありません。

ほめ言葉で結ばれれば不思議と相手の見せる姿はいつもその人格になります。意思の強い人ということにすれば意思の強い人、優しい人ならば優しい人です。

ただ、それでも自分を卑下してくる人もいます。このような人は意固地な内面を持っています。もしも付き合いを始めたとしても屈折した反応をしてくることが多いものです。はじめから近寄らない方が良いかもしれません。

45

男性が結婚に逃げ腰になってしまう理由

この節と次節では女性の立場に立って、相手男性を結婚へと踏み切らせるにはどうしたらよいか考えてみましょう。男性諸氏にも少なからず参考になるはずです。

遠距離恋愛中のＦ香は彼との結婚を意識し始めていました。月の一度の逢瀬だけで月日が流れていくのが不安でした。ある夜、探りを入れるつもりで彼に聞いてみました。

「離れたままで寂しく思わない？」

「ゼーンゼン。電話もメールも毎日だし、一か月経てば確実に会えるのだからね」

彼はＦ香を元気付けようと前向きな受け止め方を示したつもりだったのかもしれません。が、Ｆ香は悲しくなりました。「ゼーンゼン」の一言に完全に突き放されてしまいました。

それでもＦ香にはプライドがありました。女々しい姿なんか少しも見せるつもりはありません。覚めやらない半端な感情を吹き消すために、ほんの一言、ただのほんの一言を冗談めかして付け加えるつもりだったのです。

「ねえ、なんで……、そんなに晴れ晴れと言えるの？」

毒気を抜いて笑顔で言うつもりだったのですが、失敗してしまいました。口から出てきたのは意思に反して涙声でした。もう取り繕うことができなくなってしまいました。

そして、それをきっかけにして、塞き止めていた感情が次から次へと口をついて出てきてしまいました。泣きながら彼を責め立ててしまいました。どうして、こんな反応をしてしまっているのか自分でも分からないまま、止められませんでした。混乱していて、自分が何を言ったかさえ覚えていませんでした。

簡単な物語を作ってみましたが、女性の方ならＦ香の心情が分かるのではないでしょうか。Ｆ香の立場になってどのようにしたら二人が結ばれるか考えてみましょう。

Ｆ香の辛さの根源が分かりますか。この場面において場の優位者は相手男性です。Ｆ香は場を相手に預けたまま結婚の一言を引きだそうとしています。

そして、期待を裏切られることによって、自分が突き落とされるような、一人ふりだしに戻されるような感覚を味わうのです。

場面は違ってもこのような感覚は男性にも起こります。課長への昇進が期待されていたところ、蓋を開けてみたら自分の後輩が先に昇進してしまったような場合に起こりうるでしょう。

昇進への期待が裏切られるような場合は、会社を責め立てるなんてことはありません。本人の受け取り方の問題ですから。しかし、男女問題ではそうはいきません。気安い間柄だけについ感情をぶつけてしまうこともあります。

先に挙げたのと同じような場面を経験し、それがもとでこじれ、破局へと向かったカップルも数多あったでしょう。

46

女性が責任を負う態度が、結婚への男性の気持ちを変える

独身生活は責任のない気楽な生活です。多くの男性にとって恋人のいる独身状態こそ理想です。できるだけ長く享受すべき天国なのです。結婚生活が特に嫌というわけではなく、ただ気楽でいたい、それだけです。

ここでのキーワードは責任です。

ここでＦ香は結婚してもらう側、相対的に相手男性は結婚してあげる側に立っていることが分かるでしょう。この立ち位置から女性側が結婚の意思を確かめようと様々にサインを送っても、気楽でいたい男性なら察知して逃げ腰になることが多いものです。のらりくらりとかわそうとするでしょう。このような位置から執拗に結婚を迫れば二人の関係の破綻を招きかねません。結婚に前向きな男性なら、どのような立ち位置からのサインでも明確な答えを返すはずです。

あなたがＦ香の立場だとして、どのようにしたら相手を結婚する気にさせることができるでしょうか。女性の立場になって考えてみてください。

あなたが女性の場合、結婚に際して相手から言ってほしい言葉は何ですか。

「君を一生幸せにしてあげるよ。だから一緒になろう」や「君をずっと大切にするよ。結婚しよう」。こんな言葉だと思います。


これを逆に女性側から男性に言ってみたところを想像してみてください。

「あなたを一生幸せにしてあげる。だから一緒になろう」

「あなたをずっと大切にするよ。結婚しよう」


女性の読者ならお気づきでしょう。非常に抵抗がありますよね。これを女性から言うのかと。多くの女性にとって結婚の幸せとは男性が与えてくれるもの、女性が受け取るものです。ですから、女性から結婚の言葉を出すのもはばかられるはずです。女性としてのプライドにかかわり、まるで自分の価値を下げてしまうような抵抗を覚える方も多いはずです。ですからほとんどの場合、幸福への責任が男性側に置かれたままの文脈で男性に結婚を求めてしまいます。

もし、読者の中でF香と同じ悩みを持ち、なんとか現状を打破したいと考えている方がいたら次の方法は試してみる価値があると思います。

まず時と場を設け、改まって対面の機会を設けます。そして、この章の第二節で説明した方法をとります。その場を取り繕うことができないほど真剣な態度で対峙します。そして、真剣な態度で前向きな言葉だけを相手に伝えます。

「あなたを一生幸せにしてあげる。後悔させせない。だから思い切って一緒になろう」責任の所在を女性側においた文脈で言ってしまうのです。勇気のいることです。自分が損をする、自分を安売りしているなんて思わないでください。結婚生活の幸せなんて所詮は男女で半分ずつ責任を負わなければならないのですから。

この方法で必ず成功するとは限りません。しかし、このまま相手が結婚する気になるのを待つより、あるいは結婚してほしいサインを出し続けるより、はるかに成功の確率は高いといえます。

47

価値観の性差を理解しなければ、相手を理解できない

前節を読まれ、女性とは難儀な生き物だなあと思われた男性諸氏へ、女性の名誉のためにこの節は述べます。合わせて金銭欲の性差についても述べます。

猛々しい顔つきのライオンなどの猛獣でも、幼獣のころは非常に愛らしい顔をしています。これは幼獣のうちは非力であるために親の庇護を必要とするからです。成獣の愛情と庇護をより受けやすいような顔をしているのです。あの可愛い顔自体が生存のための生活戦略なのです。

生物界において依存は、自活と同じく立派な生活戦略の一つです。人間も同じです。子供はかわいい顔をしています。大人であっても若い女性は男性に比べ愛らしい作りをしています。これは出産と育児期間が非常に無防備な状態に置かれるからです。どうしても男性の庇護を一定期間必要とします。男性の庇護を受けられるかどうかは自身が出産と育児を切り抜けられるかどうかの重要な鍵となるのです。

女性の志向がある程度、依存的、他力的であるのは本能的なことです。性差であって心の成熟の問題ではありません。我々の遺伝子は男女が力を合わせることで初めて家庭を築き世代を継いでいけるようプログラムされているのです。

ここで誤解しないでいただきたいのは、家庭婦人こそ女性のあり方の本当の姿だと私は述べようとしているのではありません。女性の持つ本能的な傾向を述べているにすぎません。逆にそのような遺伝子的要因を持ちながら、自立し社会生活を送る女性の存在は本当にすばらしいと感じ、私は尊敬しています。

男女は互いに違う志向を持ちます。そのことを互いに認め合わなければなりません。たとえば次の質問に答えられますか。

男女でより金銭欲が深いのは一般にどちらでしょうか。

スーパーでよく「人参つめ放題、一袋○円」で売り出しているときがあります。この時、世の年配主婦はこれでもかというくらいに詰め込みます。数本の人参がはみ出て先端のみ袋に収まっただけでとても袋に詰めたとは言い難い状態でも、平気でレジを通ります。荷物運びでついて回る旦那さんの中には、自分の妻の面の皮の厚さに呆れる方も少なくないでしょう。厚みの上にさらに厚い塗装まで施しているのですから、喧嘩に勝てないはずだ、とまで思われるかもしれません。そう感じているご主人たちに言わせれば「欲が深いのは絶対女」となるでしょう。

実は金銭欲は男女によって形が違うのです。ただお金が欲しい、まとまった大金が欲しいと思うのは男性です。女性の欲は形が違います。自分が得られるはずの利益を損なうのが嫌なのです。ですから自分が得られる利益はきちっと確保しようとします。買った服が一週間後もっと安い値で売り出しに出ていたら怒りさえ感じます。レストランで注文がなかなか決まらないのもそのためです。だから女性は常に値踏みします。自分自身に対しても。

どのような相手であっても、まず性差を理解しなければ相手を理解することはできません。男性は女性の志向を理解する必要があります。

48

準備が恋愛体質を作る

人は恋愛体質の人と恋愛に疎い非恋愛体質の人とに分かれます。実は恋愛体質の人ほど赤恥ズッコケ体験が多いものです。恋愛体質の人は恥をかくことを恐れていません。

ある大手学習塾では採用面接において必ず恋愛遍歴が聞かれるそうです。セクハラまがいのことを面接で聞くのはどうかと思いますが、観点は的を射ていると私も思います。恥をかく勇気を持った人は人間関係構築へのまい進力があるからです。

意中の相手を落とせるかどうかは自分がモテル人間かどうかではありません。求愛力があるかどうかです。求愛力は行動力です。行動力は恥をかく勇気です。

努力の数だけ幸せになる――この言葉は保証できません。努力の質や方向にもよると答えなければなりませんが、次のことは必ずいえます。

恥をかくことを恐れず歩み出た分だけ幸せになる――です。

しかし、実は勇気などと大上段に構える必要はまったくありません。最初はただ、次に述べる小さな準備を三つするだけでいいのです。もし今、意中の人がいるならこの三つの準備をしておいてください。具体的な行動に出るかどうかは後で決めればよいのですから。

1、挨拶のエネルギーをこれまでの二割増しに変える
2、ディスイミレイションワードを考えておくこと
3、付箋を買っておくこと

準備のみしておいて、この2と3をくりだす場面があるかどうか気にしながら毎日を過ごすだけで構いません。不思議なもので、実行のチャンスさえあれば、かなりの確率で実行し、そして成功します。だまされたと思って準備をしてみてください。準備をするだけであなたの世界が変わるはずです。準備のある世界が勇気のある世界なのです。

実は、いい人は恋愛体質の候補生です。はじめは柄じゃないなどと自分で思い込んでいたのにある日から弾みがついて目覚めることが多いものです。いい人にはもともと恋愛の素養があります。相手の感情を害するような不躾な物言いもしません。人をおもんぱかる優しさがあります。誘われてもあの人だけはＮＧ、なんていう対象には絶対になっていません。

相手が頻繁に変わる人はわがままであることが多いものですが、それに比べて、いい人は相手を大切にする力があります。もともと相手が傷つくようなことができない性格です。相手を幸せにする力を持っています。いい人こそ意中の人を射止めるべきです。その分だけ幸福な人が増えるわけですから。

恋愛に限りません。準備をし、雷管のスイッチに手をかけたような心理状態で生きていくこと、これだけで見える景色が違ってきます。

コラム 4

公式でっかち

日本の経済的躍進を支えてきたものは技術力です。その技術力を支えてきたものは理系の学力です。では、その理系の学力を支える、科学的な抽象的思考を最初に学ぶのはどの科目のどの単元だと思われますか。

それは小学校高学年で習う算数の「単位量当たり」、すなわち「割合」の単元なのです。「二時間当たり二四キロメートルの割合で進んでいる乗り物があります。この速さで進んでいると一・五キロメートル進むのにかかる時間を求めましょう」などと習います。この単位量当たりでおもに学ぶのが速さの概念です。

小数どうしや分数どうしの四則計算ができても、右の設問になったら戸惑う子は多いものです。

そこで、各地の学習塾で頻繁に使われだしたのが、上の「き（距離）・は（速さ）・じ（時間）」の図です。地方によっては「は・じ・き」「み・は・じ」であったりします。この図は「き（距離）」と「は（速さ）」と「じ（時間）」の計算法の相関関係を思い出すための図なのです。これによって苦手な子でも割合の理解が不十分な生徒でも解答を導き出すことができます。

この「き・は・じ」指導法は小中学生を扱う多くの塾で行われています。そして、点数が上がるので保護者からも喜ばれているようです。

皆さんはどう思われるでしょうか。

この「き・は・じ」指導法は、生徒が割合の概念を理解していなくても、作業能力のみを高め、点を取らせてしまうことができます。割合は理系型思考法の根幹であり、日本の技術力の根幹です。若者の理科離れが一時期叫ばれていましたが、原因は間違いなく「き・は・じ」です。「き・は・じ」が公式でっかちな生徒を量産してきているのです。少しだけ塾の名誉のためにいえば「き・は・じ」指導法はいまや公教育にもまん延しつつあります。

もし、公の場で発言する機会のある方がこれを読まれ、賛同を得たならば、ぜひ何かの機会に訴えてください。もし、政治にかかわる方がこれを読まれたら、政策に反映できるよう働きかけてください。そして、行政の最高責任者、内閣総理大臣まで伝えてください。「き・は・じ」に歯止めがかかるような政策を立案してくださいと。

私自身も学習塾の経営者ですが、たとえ塾への新しい規制のために自身が職を失おうと一向に構いません。

私は長年、小学生から大学受験生までのすべての学年を教えてきた講師です。日本の技術力の根幹は「割合」にある、これが私の確信です。

保護者から喜ばれることが正義ではありません。「塾よ、おごるなかれ！」と私は心から叫んでいます。

第5章

さらに品格を持った「いい人」への道

49

責任は自分を基軸におくことで周囲の信頼を勝ち取る

いい人が幸せになる方法はいい人をやめることではありません。場を取ることを覚え、さらにいい人として磨きをかけることです。

しかし、たとえ場を取ることを覚えたいい人であっても、生きていく中でつい妬みや怒りなどの負の情動にとらわれてしまうときもあります。一度そのような姿を周囲にさらしてしまえば、いい人としての信頼を失いかねません。普段とのギャップの大きさから、これまでのいい人としての姿を偽善と取られるかもしれません。

そこで、最後のこの章ではさらに、人格的にゆるぎない「いい人」としての道を述べていきます。周囲の大きな尊敬をも集める「本当にいい人」への道を模索していきましょう。

まずこの節では基本的な自分基軸の思考法について述べます。

自身に及ぶすべての出来事について、責任の基軸を自分においた文脈で考えることです。「……が……であるのは、自分が……した（していない）からだ。」と。

このような思考法が定着していない人のために練習してみましょう。

ある商店店主の脳裏「不景気のおかげで店の売り上げ激減だ」

この店主の考えが正しければ世の中の小売業者がすべて売り上げを減らしているはずです。しかし、小売業者の中にはそれを乗り切る手立てを見出し、売り上げを伸ばしているところもあるでしょう。すると、不景気に対して手を打っていないことが問題と考えることができます。次のように考えるべきでしょう。

商店店主の脳裏「不景気に対して、何ら有効な手を打っていないために店の売り上げが激減したのだ」

自分に及ぶことはすべて自分が主体です。もう少し練習してみましょう。

ビフォー会社員「うちはブラック企業だ。給料は上がらないし、休みもないし。やめたって次の仕事が見つかるとも限らないし、おかげで俺の人生はガタガタだ」

アフター会社員「この企業に就職したのは自分だ。ブラック企業だと分かっても転末だやめないからこのような苦しい思いをしているのだ。失業のリスクを冒して転職に踏み切ることのできない自分の責任だ」
ビフォー妻「ついイライラしてしまうのは夫が全然私の気持ちをくみ取ってくれないからだ」
アフター妻「夫に気持ちをくみ取ってもらえるように、私がうまく伝えていないのだ。だからイライラしてしまうのだ」

自分基軸の文脈が根付いた人の言葉には常に人格的な響きがあります。

ただ、この考え方を相手に求めてはなりません。相手の理屈に極端な責任転嫁が起こっている場合も確かにあります。「それはあんたの責任だろ」と言いたくなる場面です。このような場合は、当事者同士を避け第三者に立ってもらい、改まった場面で責任の所在を分析してもらってください。

自分自身ではいつも「責任は自分基軸」でいてください。意識していれば必ず定着してしまいます。苛立つこともなくなり、非常に穏やかでいい日々が訪れます。

50

精査聞きが責任ある言動をつくる

いい人はその人のよさからつい熱弁者に同調してしまいがちです。いい人は取り込まれやすいという非常に大きな欠点があります。そこで、ここではいい人が熱弁者やカリスマに取りこまれることなく独立独歩を通すための方法を考えていきます。

ある日新聞にこのような記事が載っていたとします。

「○○社、申告漏れ。追徴課税××億円」

もしもこんな記事を見たとしたら、あなたはどのような感想を抱きますか。○○社は税金をごまかしていたのだな、と思ったりしませんか。

また、この件はテレビの朝の情報番組でも取り上げられ、コメンテーターが歯切れよくこんなことを言っていたとします。

「○○社の社長はバブル世代です。こういった問題はいろいろな企業で顕著になってきました。今多くの企業でバブル世代が経営の中枢に上がってきています。狂乱物価の中での消費活動を経験していますからベースとなる金銭感覚が違うのです。

そこが問題なのです。ですから企業内部でも世代間の歯車が合っていないところが多いのです。若い世代の監視の目が必要なのです」

これを聞いて、なるほどもっともだ、と思ったりしませんか。

言葉にはその言葉自体が持つ明確な輪郭があります。この言葉の輪郭を意識しないで聞くことを私は「ザッパ聞き」と呼んでいます。ザッパ聞きしている相手には白のものを黒と信じ込ませることだってできます。

正確な物事の聞き方をしている人なら、右の例で二つの気になる言葉があったはずです。「追徴課税」と「狂乱物価」です。

まず追徴課税です。意図的な税金のごまかしがあったと税務署が判断していたら、「重加算税を含む追徴課税」などと重加算税の言葉があったでしょう。右記の表現だけならただの会計のミスであったかもしれません。企業の悪意は読み取れません。

次に狂乱物価です。この人はバブル経済のイメージからこの言葉を使ってしまったのでしょう。バブルは投機的な商品の売買が過剰に行われた経済状態であり、物価はむしろ健全に推移していました。このコメンテーターは連想された事柄を並べているにすぎません。コメントとして聞き映えのあるもっともらしい理由づけを語っているだけです。

いい人は同調しやすいものです。精査聞きする習慣がなければ正確な判断ができず、強弁者や熱弁者の意見に無自覚に感化されてしまいがちです。

ザッパ聞き自体が悪いわけではありません。立場のある大人だって対象によってはザッパ聞きしています。小学生が行うゲームカードは大人から見れば異形のトランプにしか見えません。取引店で数百円から数千円で売り買いされ、希少カードには投機的価値さえあることを知らない大人が大半です。このような場合は子供の方が精査聞きできるのに対し、大人はザッパ聞きしてしまいます。

しかし、大人は責任あることに対しては必ず精査聞きをする必要があるのです。

51

自分への役作りが
人格を変え
人生を変えていく

ここでは自信のあるいい人になる方法について述べます。異性に告白する、独立し事業を起こす、社の命運を分けるプロジェクトリーダーを買って出る……。様々な場面で人は大きな勇気が必要だと考えがちです。本当にそうでしょうか。

第四章第十節で準備をしておくだけで恋愛への世界が変わるということを述べました。ここで述べたいのは恋愛ではありませんが、もう一度恋愛を例に戻しながら広くその他の場面についても述べてみます。

恋愛体質の人には特徴があります。何もかも準備が整っていることです。常に服装に気を使い、髪型にこだわりを持ち、ドライブにふさわしい車を乗り回していま す。毎日がいつでもデートできる状態です。非恋愛体質の人は仕事には支障なくても、デートにはあまり向かない服を着ていたりします。日を改めず、今日すぐにデートということになれば躊躇してしまう靴だったりします。準備がないから行動のスイッチが入りにくいのです。

実際に行動するかしないかは別として、考えられる具体的な準備をしてみてください。いつデートとなってもいい服装をし、ここ一番のデート服も買っておき、デートコースも考えておき、チャンスがあったらかける言葉も用意しておき、偶然出くわしそうな通りがあれば入る喫茶店も決めておくのです。テンパイになり最後のハイを待つような状態にしておくのです。このような最後の一手で勝負がつくときの高揚感の中に身を置いてみてください。そうすれば街の景色が変わって見えるはずです。そして、知らないうちに行動に移しているはずです。

人間は外界に対して連続性を持った生き物です。役を演じればその役柄の人格にスイッチが入ります。

私は独身時代に心理学のロールプレイング実習で、自分の死期が近づき妻に感謝の言葉を真剣に述べるという場面をやってみたことがあります。架空の出来事なのに本当に感謝の気持ちでいっぱいになり嗚咽してしまいました。実習後も一日中誰かに感謝を伝えたくて仕方がありません。コンビニでお釣りをもらいながら「ありがとうございます」とお辞儀をして、店員からけげんな目で見られた記憶がありま す。

人は一つのアイデンティティーを抱けば自然にその続きを演じようとします。大切なのは自分への役作りです。

恋愛に限りません。本当にワクワクすること、長く夢に思うことがあれば準備することで未来はつながるはずです。今できることを一つでも多く準備しておき、最後のスイッチだけを手の中にいつも持っているような高揚感の中に身を置くことがコツです。今、目の前にある現実が、自分の場になった高揚感です。そうすればいつの間にか未来につながっていく自分を見出しているはずです。

実行か否かを決めるのは、勇気の有無や自信の有無ではありません。準備があるかどうかです。逆に言えば、準備があるから勇気が湧き、自信が湧くのです。

52

集団の場を取る方法

集団の中でいい人がゆるぎなくいい人であるためには、自身が妬みや悪意の対象とならないことです。そのために望まれるのが一対一の場面のみならず、集団においても場を取ることを覚えることです。集団の場を取ってしまい一目置かれるようになるための手短な方法があります。それは話し合いの場を取ってしまうことです。議長を買って出ることです。

議事を自分のスムースな誘導下におくことは、その集団全体の場を取ることになります。結果、その集団全体がいい人の空気に包まれることになります。

会議には議事を頓挫させる発言パターンがあります。当然、常識、意外を言外に含んだ発言です。これらは暗黙の権威的否定です。

たとえば同僚が上司の提案に対して、次のように発言したとします。

「顧客を優先するのが当たり前で、その顧客を相手するのが営業部員ですから、部員が裏方的な役割にも回るなんて顧客をおろそかにしていることになりませんか」

この発言に含まれる裏のメッセージは自分の意見の強い主張ではありません。相手の意見への強い否定とさげすみです。上司の心は穏やかではないはずです。

暗黙の権威的否定を行うのは立場が上の者とは限りません。上の立場の者がこれを行う場合は沈黙会議になります。意見の出にくい場になります。誰かが発言を促さない限り自主的には発言しなくなります。上の者以外がこれを行うと、表面上は熱い議論になりますが、内面は権威の激突になります。感情がこもり、自分の意見を補強する発言を応酬し合います。

話し合いの頓挫や屈折を回避するには参加者全員の協力が必要です。しかし、当然、常識、意外を含んだ発言に対しその場でダメ出しをすることは逆効果です。これらのことは無自覚に行われるのですから、発言者に罪があるわけではありません。

これらが起こらないように、あらかじめ参加者全員に周知をします。

「会議を始めるに先立ち、次の点について皆さんの同意を得たいと思います。強い否定的な響きを暗黙に持つ当然、常識、意外を言外に含んだ発言の仕方を控えていただきます（ここで具体的な例を示すとよい）。たとえ稚拙だと思われる意見でも、当然、常識、意外のニュアンスを避け、丁寧に不適当である理由を述べてください。議論を円滑に進めるために互いの意見を尊重した態度に徹してください。だからと言って上司や経験豊富な方々への敬意が損なわれるものではありません。以上の運営に同意できない方がいらっしゃいましたら、挙手をお願いします。……（見渡す）……。では同意を得られたものとします。議題に入ります」

他に、代替伝聞にも注意が必要です。代替伝聞とは「……と多くの部員が言っているので……」など、意見や提案の論拠となる伝聞です。代替伝聞は、伝聞の形をとっていても実は本人の意見です。他の人が言っていたとして、本人の責任を回避しています。代替伝聞に対しては発言者本人の立場も聞いてみてください。

ちなみに、この代替伝聞はマスメディアにも多く使われている手法です。「」付き見出しになっていたり、「識者の声」となっていたりします。

ひとたび会議という場を取ると、いい人ワールドは巨大な空気となります。

53

自分の発する言葉がアイデンティティーであり未来を創る

言葉は重要です。過去の自己分析がアイデンティティーではありません。未来への自分の言葉こそがアイデンティティーであり、明日への連続性だと私は考えています。言葉が人生を変え、自分を取り巻く環境を変えていくと思っています。

まずは自分に向ける言葉についてです。

自分の意思の表明において、重要なのは発言の文末形式、語尾です。発言の語尾を変えるだけで、相手にも自身にも響きが大きく変わることを知っていますか。特に自分への影響が絶大です。

よくテレビのインタビューで「……できたら、と思います」や「……しようと、と思います」などと答える有名人がよくいます。「思います」は実行されないことが多いと言われます。謙虚が美徳とされているので、心には大きな夢を秘めていても控えめに言ってしまうことが多いものです。しかし人目を気にして、控えめな表現をするだけで可能性は大きく後退しているのです。人は他人の言葉の支配を受けることがありますが、もっと強く支配を受けるのは自分の言葉です。

自分の未来に関しては「私は……します」ときっぱりと答えてしまうのです。答えた時からこの世界があなたのフィールドです。世界はあなた自身です。

次に相手に贈る言葉の有効性についてです。

贈り物で幸せを感じるのは贈る人か贈られる人か、どちらだと思いますか。贈る人です。言葉も同じです。不思議なもので、自分で装飾した家具にはより愛着がわきます。自分の言葉で深い感謝を伝えた相手はより親しみを感じます。そして、自身が幸せな気分になります。言葉をより多く贈ることができる人はより幸せです。

最後に私の個人的な手法を紹介しておきます。

宗教の多くが祈りの言葉として神への愛を語ります。儀式的に繰り返すことで愛を感じる心をより強固なものにしているのでしょう。

私は無宗教の人間なので神への愛を語ることはありません。しかし、毎日の祈りによって慈愛深い感情を呼び覚ますことはすばらしいことだと考えています。

家族のためにも自分のためにも機嫌よく生きようと決心した日から、日課にしていることが私にはあります。この日課を通して、若いころとはずいぶんと感じ方が変わってきたと思っています。負の感情にとらわれることが少なくなりました。

その日課とは無条件に愛せる者たちに心から感謝を述べることです。毎日改まって家族に感謝の気持ちを述べるのも変です。そこで一人書斎において、妻と子供たちの顔を順に思い浮かべ、感謝の言葉を述べ、幸せを祈ることにしています。どんな宗教より強く深く、そう心に決めて祈っています。

生きていく中で、思わず妬みや怒りなどの負の情動に支配されてしまうときも、未だに私にはあります。しかし、私は長期にわたる壮大な計画で、これを乗り越えようと思っています。

廃用萎縮という言葉があります。生物は、使われなくなった機能はなくしておこうということになるようです。老いて怒りや妬みを忘れるか、感謝を忘れるか、私の人生の戦いがあります。

いい人でありたい、そう願っています。

コラム4

芸人さんも場を取る

「場を取る」という事例で、とても分かり易いものがあることに気が付きました。この原稿を書いている途中ではたと思いついたのですが、お笑い芸人がテレビの中でやる「ツカミ」という行為です。

芸人の方々の多くは登場する際、必ず客の目を引く言動を取ります。ビートたけしさんを例に出せば、登場するときに場違いな目を引く服装で出てきたり、妙なひとアクションを入れて出てきたりします。しかも独特のテレ笑いを浮かべながらやるので変わった味わいがあり、つい引き込まれます。

「場を取る」という考えがなかったころは、芸人の方々がよくやるこの行動を、失礼ながらも、「懲りない人たちだなあ」などと思っていたりしました。

さらに思い出したことがあります。ずいぶん前、桂文枝さんがまだお若く桂三枝さんだったころ、自分のギャグ「いらっしゃーい」について語っていました。登場の時、「いらっしゃーい」と一つツカミを入れておくとお客さんが笑いやすくなるという内容でした。登場時に一つツカミを言っておくのとおかないのでは、その後の笑いどころでの反応に差があるということが、聞いた当時はとても不可解でした。しかし、今思えばすべて合点がゆきます。

そういえば、芸人は「場を温める」など場を意識した言葉をよく使います。最近よく使われる「空気を読む」という言葉も芸人の間から広まったのではないでしょうか。お笑いの世界ほど場の力を意識した仕事はないのです。

改めて見てみるとお笑いの世界は場の取り合いです。場を取るバトルです。売れている芸人ほどツカミが上手です。場を取るということは、お笑いの世界では当たり前のように体現し、生活をかけてしのぎを削り合ってきたことなのです。

芸人は風変わりな言動で場を取りますが、我々一般人は改まった言動で場を取ります。どちらも大切なのはしっかりした自分の押し出しなのです。

場を取ることを覚えた芸人たちが多くの支持を得るように、場を取ることを覚えたいい人がより大きな幸福をつかむことを願ってやみません。

おわりに

この本の執筆に際して、自分の考えと比較するために、いくつかの若者向けの本を読んでみました。特に日ごろ若者と接しておられる大学の心理学の先生方の書いた本は積極的に読んでみました。様々な立場や事例から個々に異なる分析をされており、興味深く読みました。

本の中にあった若者を表現する言葉として目についたものをここにいくつか列挙します。「草食」「不安」「依存」「マニュアル的」「ゆとり」「上から目線を嫌う」と、このような言葉が並びます。概していえることは、「若者に対し心もとなさを感じている」ということのようです。

たとえ、これらの分析が当たっていたとしても、そこにどれほどの価値が見いだせるでしょうか。若者の分析に万言を費やすより、若者の背中を押す一言の方がはるかに重要だと思いませんか。

論文や専門書において調査や実験からの裏付けのある分析のみが述べられるのは理のあることです。しかし、一般書の結論までもが「心もとない」で終わり、そこから先が示されていないのであれば、それこそが結論として「心もとない」ではありませんか。まして、学府にあって日々若者と接しているなら、どのようにしたら若者の背中を押すことができるか、研究者の体感として得ているはずです。

私は心理学者ではありません。高校生に数学を教えている一介の塾の経営者です。しかし、本書で述べたことには、絶対の自信を持っています。

学識者諸氏への分析に対立する言葉として、あえて次の反論を述べさせていただきます。


——若者は未来の社会を担う我々の宝物です。

学識者諸氏の本書に対するご意見をお待ちしております。

最後に、総合法令出版の齋藤忠さん、木下美紀さんには、多くの励ましの言葉と様々な貴重な助言をいただきました。本当にありがとうございます。

そして、掛け替えのない妻と三人のわが子、デさん、ロさん、カちゃん、いつもありがとう。みんながいてくれるおかげで私は頑張ることができます。

最後までお読みいただいた皆様に心から感謝申し上げます。

皆様自身と、皆様の周りの方々と、そのまた周りの方々に、広く幸福の波が広がっていくことを心からお祈りいたします。

平成二十六年五月　平松希理

Profile

平松 希理（ひらまつ きり）

大学受験のための塾「数理ゼミ・パンセ」代表

20年以上にわたり、大学受験のための数学を指導。その間、親子間に問題を抱えた数多くの生徒や保護者とかかわる。コミュニケーション理論を駆使した面談術と、独自の「場を取る」を人間関係再構築術で、多くの親子関係修復に寄与。優しい人、気弱な人でも容易に実践できる方法として生徒や保護者から多くの支持を得ている。愛知県豊橋市生まれ。

数理ゼミ・パンセ

〈URL〉http://io-method-pensee.jimdo.com

装丁　小松　学
本文デザイン　土屋和泉
組版　横内俊彦

「いい人」はやめなくていい！
～いい人ほど得をする場を取る心の力学～

2014年7月2日　初版発行

著　者　平松希理
発行者　野村直克
発行所　総合法令出版株式会社
〒103-0001
東京都中央区日本橋小伝馬町15-18
常和小伝馬町ビル9階
電話　03-5623-5121

印刷・製本　中央精版印刷株式会社

ISBN978-4-86280-408-2
落丁・乱丁本はお取替えいたします。
総合法令出版ホームページ　http://www.horei.com/

ディズニーとキッザニアに学ぶ

子どもがやる気になる育て方

安孫子薫／数住伸一［著］　定価（1400円＋税）

学校教育にはない“答え”が ディズニーとキッザニアにはあります

ディズニーとキッザニアという他にはないテーマパークだからこそ育まれる「生きぬく力」とは。お子さんが将来「必要とされる人」になるために、お父さん、お母さんができることをお伝えします。